Por que as pessoas que amamos nos levam à loucura

Por que as pessoas que amamos nos levam à loucura

Os 9 tipos de personalidade nos relacionamentos

Daphne Rose Kingma

Tradução de Carmen Fischer

EDITORA CULTRIX
São Paulo

Título do original: *The 9 Types of Lovers.*

Copyright © 1999 Daphne Rose Kingma.

Todos os direitos reservados. Nenhuma parte deste livro pode ser reproduzida ou usada de qualquer forma ou por qualquer meio, eletrônico ou mecânico, inclusive fotocópias, gravações ou sistema de armazenamento em banco de dados, sem permissão por escrito, exceto nos casos de trechos curtos citados em resenhas críticas ou artigos de revistas.

Obs.: Este livro não pode ser exportado para Portugal.

O primeiro número à esquerda indica a edição, ou reedição, desta obra. A primeira dezena à direita indica o ano em que esta edição, ou reedição, foi publicada.

Edição	Ano
-2-3-4-5-6-7-8-9-10	-02-03-04-05-06-07

Direitos de tradução para o Brasil
adquiridos com exclusividade pela
EDITORA PENSAMENTO-CULTRIX LTDA.
Rua Dr. Mário Vicente, 368 — 04270-000 — São Paulo, SP
Fone: 272-1399 — Fax: 272-4770
E-mail: pensamento@cultrix.com.br
http://www.pensamento-cultrix.com.br
que se reserva a propriedade literária desta tradução.

Impresso em nossas oficinas gráficas.

Para *Molly*,
que inspirou este livro.

I.L.Y.

SUMÁRIO

Agradecimentos	8
Os Tipos de Personalidade nos Relacionamentos:	
O que nos leva a escolher um parceiro	9
1. O Narcisista	23
2. O Exaltado	41
3. O Sangue de Barata	59
4. O Cético	81
5. O Trabalhador Compulsivo	97
6. O Perfeccionista	117
7. O Sonhador	135
8. O Controlador	157
9. O Abnegado	175
10. A Atração entre os Diferentes Tipos	195
Quadro Esquemático dos Tipos de Personalidade	207

AGRADECIMENTOS

*Sou profundamente grata aos corações e mãos
que acalentaram meu coração e afagaram minhas mãos
durante todo o tempo em que escrevi este livro.*

Para Yeshe Pema, por me alimentar e me deixar à vontade,
 e para Suntah por ter-nos aproximado.
Para Patricia Mary Rose Robertson,
 pelo carinho, preces e dedicação.
Para Arthur, pela presença sagrada.
Para Dave, pelo apoio que me deu.
Para Laura, pela firmeza.
Para "Sarita", por sua atitude de "pouco-caso".
Para minha querida irmã, Chris, pela tolerância.
Para Al e Marianne, pela constância e pelo amor.
Para minha editora, Mary Jane Ryan, por mais uma vez,
 e tão maravilhosamente, ter conseguido juntar tudo.
Para Don e Ana Li, pelo espaço e pela benevolência que nos
 deram durante todo o processo.
E muito amor para Molly, por ter estado presente o tempo todo.

OS TIPOS DE PERSONALIDADE NOS RELACIONAMENTOS

O que nos leva a escolher um parceiro

Este livro é um instrumento de descoberta para quem quer empreender a jornada para o amor, seja para encontrar a pessoa com quem ter uma relação satisfatória ou simplesmente tornar a que já tem mais gratificante.

Eu estou convencida de que o amor é a única jornada que vale a pena ser empreendida nesta vida. É por meio do ato de se apaixonar e da experiência de intimidade que sentimos o prazer de conhecer outra pessoa e de compartilhar nossas experiências de vida. Ter alguém a quem expressar nossas emoções, compartilhar nossa sexualidade e dividir nosso cotidiano intensifica nossas alegrias e alivia nossas tristezas. O amor é o maior tesouro do ser humano.

Se você quer ter uma relação rica e intensa, mas ainda não conseguiu criá-la, ou se a relação que você tem parece estar confinada num círculo vicioso de queixas ou problemas insolúveis, isso pode estar ocorrendo porque você não conhece muito bem o seu tipo de personalidade nem o de seu parceiro, ou não sabe como os dois tipos de personalidade se relacionam entre si.

Escrevi este livro porque adoro ensinar sobre o amor. Dediquei toda a minha vida profissional, tanto como terapeuta quanto como escritora, a ajudar as pessoas a desenvolver sua capacidade de amar, indicando-lhes atitudes, habilidades e práticas essenciais para que se tornem seres humanos capazes de dar e receber amor. Escrevi sobre como terminar uma relação e atravessar o processo emocional da separação, como desenvolver habilidades específicas para amar, como entender melhor o homem que você ama, como trazer a relação para o plano do espírito e, ainda, como o mundo das relações como um todo caminha em direção ao espírito.

Ultimamente, entretanto, venho percebendo que embora não haja nada de errado em se ter expectativas elevadas, e até mesmo ideais espirituais, quando o assunto é relacionamento, se você não tem conhecimento de alguns elementos básicos — como o tipo de personalidade de cada parceiro, por exemplo, e os fatores que complicam a relação —, ela ainda assim não será tão boa quanto poderia. Em resumo, por mais sublimes que sejam seus ideais — nenhuma habilidade ou atitude deste mundo adiantará se você não conhecer o seu tipo de personalidade e o de seu parceiro e como eles influenciam a relação.

Por isso, pelo fato de cada um de nós ser um ser humano único e singular, com seus próprios traços de personalidade e essência espiritual, cada um de nós também pertence a um dos nove tipos de personalidade, fato que afeta profundamente nosso modo de nos relacionar com os outros. E como, no plano emocional, é sobretudo o nosso tipo de personalidade que determina nossos comportamentos, se você não conhece o seu tipo de personalidade e o de seus parceiros, continuará tendo relações complicadas e frustrantes. A pessoa que você ama continuará se comportando de maneiras que irritam e confundem você. E você, por sua vez, continuará se comportando de maneiras que a irritam e confundem.

É por isso que, depois de tudo o que já ensinei, volto agora minha atenção para o impacto que os tipos de personalidade exercem sobre nossas relações íntimas — para que você tenha um mapa básico do que está acontecendo com você e seu parceiro e assim possam se amar melhor.

Lembro-me de um casal com quem trabalhei em terapia por vários anos, e que, toda vez que entrava em meu consultório, um pulava no pescoço do outro, por um motivo ou por outro. Embora tratássemos de um problema específico a cada sessão, quando voltavam na sessão seguinte, eles sempre vinham com um novo problema. E ainda mais frustrados.

Até que um dia, exasperada, eu lhes perguntei: "Vocês dois nunca se entendem?!" "Claro que sim!", ambos exclamaram juntos. "A maior parte do tempo nos damos muito bem. Só que temos um monte de problemas que continuam se manifestando de uma forma ou de outra e, quando estamos aqui, não precisamos falar das coisas boas e sim dos nossos problemas." "Ele sempre trata tudo com pouco caso", disse a mulher. "E ela sempre exagera tudo", disse o marido.

Como a maioria de nós, aquele casal tinha um padrão recorrente de problemas de relacionamento. Os problemas existiam não porque o relacionamento fosse ruim ou porque não se amassem, mas em conseqüência do modo como seus diferentes tipos de personalidade interagiam. Os problemas recorrentes desse casal revelavam o que a maioria de nós conhece nos relacionamentos: conflitos resultantes do convívio entre dois tipos de personalidade, cada um vendo a vida – e a própria relação – de uma maneira muito diferente. Como isso acontece de fato, quanto mais entendemos e valorizamos essas diferenças, mais harmoniosa e feliz pode ser a relação.

Você e sua personalidade

Toda pessoa tem uma personalidade que é muito fácil de perceber e que revela muito sobre quem ela é. Os traços específicos de sua personalidade podem ser tão arraigados e familiares que você mal consegue percebê-los. Entretanto, seus traços de personalidade definem em grande parte seus gostos e aversões, suas reações ao que acontece na vida e, acima de tudo, seu modo de amar.

Nossa personalidade é o resultado da interação de nosso temperamento inato – os traços que herdamos de nossos pais – com a grande variedade de experiências que tivemos na vida. Ela é formada de toda uma gama de comportamentos e sentimentos que desenvolvemos como resposta às circunstâncias da vida. A personalidade é o modo próprio e natural de cada pessoa reagir aos acontecimentos da vida e interagir com o mundo. Na realidade, nós *somos* nossa personalidade.

Nossa personalidade é especialmente influenciada por nossas experiências da infância – por exemplo, as casas em que moramos, o modo de nossos pais se tratarem e nos tratarem, a quantidade de irmãos e que posição ocupávamos entre eles – e, sobretudo, aquilo que chamo de "problema central" na vida de cada um. Esse problema central é constituído da grande mágoa emocional que cada um de nós sofreu, bem como de todos os comportamentos que desenvolvemos para lidar com ela, compensá-la, evitá-la ou superar a enorme dor emocional que essa ferida nos causa.

Como nossas feridas e os mecanismos que desenvolvemos para lidar com elas resultam de fatos comuns à vida de todos nós — tais como o abandono, os maus-tratos ou o descaso emocional, doenças graves, traições ou a morte de um dos pais — existe apenas um número limitado de tipos de personalidade. Ou seja, existe um determinado número de modos previsíveis com os quais os seres humanos respondem a determinados eventos emocionais, e é essa série de respostas típicas que forma o núcleo de um determinado tipo de personalidade.

Ao ler neste livro as descrições dos nove tipos de personalidade, você poderá identificar tanto a ferida emocional básica quanto o mecanismo que cada tipo desenvolveu para lidar com ela e, conseqüentemente, seu modo mais comum de atuar nas relações íntimas.

Os tipos de personalidade nas relações amorosas

Através dos tempos, surgiram diversos sistemas de classificação dos tipos de personalidade. O famoso psicólogo Carl Jung criou um sistema extremamente sofisticado. Existe também um sistema conhecido como Eneagrama, que define uma série de tipos e subtipos de personalidade, e outro, de Myers-Briggs, de análise das personalidades, que classifica as pessoas de acordo com dezesseis tipos altamente diferenciados.

Os tipos de personalidade que vamos analisar aqui não estão baseados em nenhum desses sistemas. Eles se baseiam em minha própria observação de como milhares de pessoas se relacionam, e em mais de vinte e cinco anos de experiência clínica, procurando ajudá-las a conhecer tanto a si mesmas quanto a seus parceiros.

Nesse sistema, existem nove tipos principais de personalidade, no que diz respeito às relações amorosas, e cada um deles tem suas características próprias. Esses tipos têm um pouco de todas as outras categorias que usamos para descrever a nós mesmos. Embora as pessoas de cabelos loiros, castanhos, ruivos ou pretos sejam todas seres humanos, elas são, não obstante, diferenciadas umas das outras pela cor de seus cabelos. Somos também diferenciados uns dos outros pela cor dos olhos, pelo tipo de constituição física, pelo tipo sangüíneo e pela nacionalidade.

O mesmo ocorre com a personalidade. Embora todos nós sejamos dotados dessa qualidade psicológica conhecida como personalidade, que em cada um de nós manifesta-se de modo único, existem algumas características predominantes que nos enquadram num determinado tipo de personalidade e que nos tornam parecidos com outros indivíduos do mesmo tipo. Mesmo que as características específicas a cada tipo apresentadas aqui não correspondam inteiramente à sua personalidade, e muito menos a seu tipo específico, elas refletirão, em grande parte, sua essência básica.

Em cada tipo básico, existem também, evidentemente, muitas variações e todos nós podemos ter algumas características de vários tipos. Como acontece com o tipo sangüíneo AB, algumas pessoas são combinações de dois tipos, com o predomínio um pouco maior de um deles. Meu propósito aqui não é apresentar todos os subtipos e variações possíveis, que são tão inúmeros quanto as pessoas, mas sim proporcionar um entendimento geral dos nove principais tipos de personalidade nas relações amorosas: o Narcisista, o Exaltado, o Sangue de Barata, o Perfeccionista, o Cético, o Trabalhador Compulsivo, o Sonhador, o Controlador e o Abnegado.

Como vemos nosso parceiro ou pretendente

Quando você se apaixona, não vê nenhum defeito na pessoa amada. Ela é a mais inteligente, doce e linda que existe no mundo. Com o passar do tempo, entretanto, você começa a se concentrar nos detalhes incômodos e irritantes. Em ambos os casos, é comum você não enxergar a pessoa na sua totalidade ou como ela é de fato. Isso ocorre porque cada um de nós, independentemente do tipo de personalidade, tem tanto características que encantam quanto atributos que irritam os outros (e também a nós). Cada tipo de personalidade tem seu ponto forte e seu ponto fraco e é essa mistura de encanto e desencanto que nos atrai inicialmente e depois mantém nosso envolvimento e possibilita o desenvolvimento da relação amorosa.

À medida que lê a descrição de cada tipo, provavelmente você descobrirá que são as mesmas qualidades que o atraem no início que, com o decorrer do tempo, passam a irritá-lo e causar conflito no relacionamento. Não se desespere. Nenhum tipo é perfeito e são essas diferenças fascinantes e ao mesmo tempo irritantes que constituem o trigo para o moinho das relações. São elas que oferecem oportunidades para aprofundar o amor, estimular o crescimento pessoal e aumentar o entendimento mútuo.

Tomemos o Controlador como exemplo. Ele é um excelente cumpridor de prazos, organizador de gavetas e arquivos e nunca esquece de deixar a janela um pouco entreaberta à noite para que a ventilação seja perfeita. A presença desse tipo revela-se uma dádiva quando, por exemplo, temos de fazer a declaração de Renda e descobrimos que tem todos os comprovantes em perfeita ordem ou, quando o carro quebra num trecho deserto da estrada e ele simplesmente tem, no porta-malas, a ferramenta necessária para consertá-lo. Por outro lado, ele nos irrita por esperar que todo mundo corresponda a seu padrão de ordem e por ficar ofendido se alguém se atrasa por três minutos, mesmo que o motivo tenha sido um acidente quase fatal ou — que Deus nos livre! — o erro de guardarmos a nota do posto de gasolina na gaveta errada.

Assim como o Controlador, cada tipo tem suas próprias idiossincrasias e reações extremadas e costuma atacar as idiossincrasias e reações extremadas dos outros. Se os problemas recorrentes só servem para aumentar as frustrações, o casal não será feliz por muito tempo. Mas se, por outro lado, começarem a ver essas diferenças como expressões de seus tipos de personalidade, eles poderão iniciar um processo fascinante de conhecer um ao outro num nível mais profundo e chegar a uma verdadeira intimidade. Descobrir as diferenças entre os tipos de personalidade de cada um pode ser uma experiência extremamente fascinante. Afinal, uma das maravilhas de se ter uma relação é a possibilidade de conhecer alguém que não seja uma cópia clonada de nós mesmos.

O conhecimento dos nove tipos de personalidade nas relações amorosas pode também ajudar na escolha do parceiro. Meu amigo Bill, que tinha muita dificuldade para estabelecer uma relação duradoura, contou-me que, para aumentar suas chances de encontrar uma parceira realmente compatível, ele decidiu revelar um segredo familiar a cada mulher com quem saía. Com isso em mente, depois de alguns encontros românticos com cada uma dessas mulheres, ele acabava mencionando que o pai tinha sido um maníaco-depressivo que passara a maior parte da vida tomando remédios e que suicidara-se quando ele tinha 15 anos. Como a morte do pai era um tremendo problema emocional para Bill, ele queria ver qual era a reação de cada uma das mulheres.

Uma delas, depois de ouvi-lo, mudou de assunto para falar do novo computador que tinha acabado de comprar. "Ele tem todos os acessórios possíveis", e ela não via a hora de usá-lo para fazer todos os gráficos de vendas necessários em seu novo trabalho.

"Sinto muito, deve ter sido terrível!", disse a segunda.

"Bem, isso aconteceu vinte anos atrás", foi a resposta da terceira.

E a quarta disse: "Nossa, acabo de lembrar que tenho de dar um telefonema importante!" Ela pediu licença para levantar-se da mesa e saiu para usar o telefone do restaurante.

Pela revelação de um único fato importante, Bill descobriu o quanto as pessoas podem variar em suas reações a quase qualquer informação. De fato, as reações delas são típicas de quatro tipos diferentes de personalidade. A primeira mulher era do tipo Narcisista, a segunda do tipo Abnegado, a terceira do tipo Sangue de Barata e a quarta uma Trabalhadora Compulsiva. Depois de ouvir as respostas delas, Bill percebeu que a segunda mulher exercia muito mais atração sobre ele do que todas as outras, embora inicialmente ele tivesse se sentido mais atraído pela primeira.

Exatamente como Bill, quanto mais conhecemos um determinado tipo de personalidade, com os traços peculiares e as motivações das pessoas desse tipo, mais condições temos de escolher nossos parceiros e mais bem-sucedidos podem ser nossos relacionamentos.

Descobrir como as características fascinantes (e, às vezes, frustrantes) do tipo de personalidade de seu parceiro se encaixam com as suas próprias também abre caminho para novas possibilidades na relação de vocês. A maioria de nós quer, de uma maneira ou de outra, que o parceiro mude. Se isso não acontece, passamos a criticá-lo, reclamar de seu comportamento, fazer exigências ou até mesmo a nos tornar perversos. Sabemos no fundo do coração que essas atitudes não ajudam em nada, mas como estamos frustrados, não sabemos que outra atitude tomar.

Paradoxalmente, é pelo entendimento e aceitação do quanto seu parceiro é diferente de você que é possível criar o clima apropriado para a grande mudança. Lendo este livro, você vai perceber que cada tipo de personalidade luta com um problema emocional que lhe é particularmente doloroso. O entendimento de como a pessoa que você ama tornou-se o que é vai imediatamente provocar algumas mudanças em sua atitude para com ela. Em vez de julgá-la ou tentar promover uma campanha para que ela mude de comportamento (você não devia fazer isso, melhor fazer aquilo), você pode começar a olhar para a pessoa que ama com compaixão. Isso por si só trará mais harmonia ao relacionamento e aumentará a possibilidade de ocorrer a mudança que você tanto deseja. Ninguém consegue mudar com um revólver apontado para a cabeça. Nem você nem a pessoa que você ama. Compreensão, aceitação e perdão são as atitudes que criam a atmosfera propícia para a mudança. E nada melhor para criar essa atmosfera do que o conhecimento e a compreensão dos atributos básicos a cada tipo de personalidade.

Quem é você?

Como uma relação é sempre uma via de mão dupla que envolve duas pessoas, meu propósito aqui é simplesmente ajudar você a entender seu parceiro ou parceira, estimular a mudança nele ou nela, mas também encorajar você a olhar mais profundamente para si mesmo. Quais são suas motivações? Quais são seus padrões habituais de reação e interação? O que aconteceu em sua infância? Qual é a maior ferida de sua vida e como você se adaptou a ela? De que maneira as características de sua personalidade influenciam a dinâmica de seus relacionamentos íntimos? Essas são algumas das perguntas às quais você terá a oportunidade de responder.

Olhar para si mesmo pode ser difícil. Estamos tão acostumados a nos ver de uma determinada maneira que não conseguimos enxergar em nós mesmos certas atitudes que são totalmente evidentes para os outros. Ou estamos tão ocupados em não gostar do que vemos que não percebemos nossas verdadeiras qualidades. Podemos ficar tão fixados no fato de não termos um diploma universitário que nos esquecemos do que somos capazes, ou tão preocupados com a nossa timidez que ignoramos a nossa imensa capacidade de demonstrar empatia. Em vez de enxergar a personalidade única e maravilhosa que temos, tendemos a enxergar apenas os próprios defeitos. Ou, por outro lado, em vez de disposição para enfrentar alguns defeitos gritantes em nós mesmos, pode haver a tendência a encobri-los, preferindo demonstrar o quanto se é inteligente e bem-sucedido.

Seja minimizando ou exagerando nossas falhas, o óbvio costuma nos escapar. É como aquele ponto cego em nossa visão periférica, quando estamos dirigindo um carro. Quando eu estava tomando aulas de direção, fiquei surpresa ao descobrir que, por mais que eu olhasse pelo espelho retrovisor e pelas laterais, havia sempre uma parte da estrada ou da pista que eu não conseguia enxergar, e é justamente esse ponto cego que pode nos levar a sofrer um acidente. Como prova disso, anos depois eu sofri um acidente causado por essa falta de visão.

O mesmo acontece com nossa personalidade. Apesar de sabermos quais são nossos gostos e aversões conscientes — gostar de café, não gostar de doces, ser vegetariano, gostar de passar férias nas montanhas ou na praia, preferir cães a gatos, ter uma cobra como bicho de estimação, não querer ter casa própria para não ter de assumir a responsabilidade pelas prestações, ou, ao contrário, não sossegar enquanto não comprar uma casa própria — podemos não conhecer plenamente as mágoas inconscientes que formaram nossa personalidade ou moldaram seu tipo.

Identificação do seu tipo de personalidade

Ao examinar os vários tipos de personalidade, você provavelmente notará que é muito mais fácil identificar os tipos das pessoas ao seu redor do que o seu próprio. Por exemplo, que seu chefe, Stan, é um Controlador. Ele precisa saber o tempo todo onde cada empregado está e tem extrema dificuldade para se abster do controle de cada projeto. Ou que seu amigo Bob é um Perfeccionista. Aos 42 anos, ele já teve mais namoradas do que Jimmy Carter, teve de engolir dissabores e nenhuma delas o agradou o suficiente. Seu ex-namorado, Phil, é do tipo Narcisista. Você levou-o às alturas com seus elogios, deu a ele todos os presentes que mais desejava e, apesar disso tudo, ele nunca sentiu-se amado. Jane, sua companheira de quarto nos tempos da faculdade, era uma Cética inveterada. Três homens maravilhosos (a seus olhos, pelo menos) pediram-lhe em casamento, mas "Não ia mesmo dar certo" era o que ela dizia com tristeza, cada vez que devolvia a aliança de noivado.

Normalmente não é difícil identificar os tipos das outras pessoas. Mas costuma ser muito mais difícil identificar o nosso próprio tipo. Ao examinar a lista dos tipos de personalidade com seus traços característicos, você será capaz de identificar o seu tipo se três ou quatro de suas características típicas lhe couberem. Se apenas um de seus atributos parecer aplicar-se a você, é mais provável que não seja o seu tipo, mas que seja apenas um traço de sua personalidade como um todo. Isso porque todos nós podemos ter uma ou duas das características de quase todos os tipos. E, como você notará, no final da descrição de cada tipo há uma explicação de como as características exageradas de um determinado tipo diferem da ocorrência habitual desses mesmos atributos na maioria de nós.

Uma outra maneira de identificar seu tipo é perceber, ao ler a lista, que certos traços, que tanto as pessoas próximas quanto os estranhos sempre apreciaram ou notaram em você, tornam-se subitamente evidentes para você mesmo. Se isso acontecer, será um forte indício de que o tipo em questão é o seu. Ou se você tiver uma intuição clara que diz: "Epa, esse tipo é o meu".

É possível também que você note uma combinação bem evidente de dois tipos em você ou em seu parceiro, ou seja, uma personalidade oscila entre dois diferentes tipos ou atua conforme dois tipos simultaneamente. Esse, como o tipo sangüíneo AB, ou a pessoa de cabelos castanhos e olhos azuis, não é o tipo mais comum, mas se você tem duas ou três características marcantes de dois diferentes tipos, é importante que faça os exercícios indicados para os dois.

Você pode descobrir, por exemplo, que você é um tipo Narcisista-Exaltado: se não ganha a atenção de que precisa para sentir-se amado, começa a esbravejar ou a reclamar. Ou você pode ser do tipo que agrada para controlar as pessoas. Quer satisfazer a todos porque sua auto-estima não é como gostaria que fosse. Mas você também aprendeu a manter tudo sob controle para compensar o sentimento de não-merecimento e quer que as pessoas que você ama sejam tão meticulosas quanto você.

Outras combinações possíveis são o Sangue de Barata-Cético, o Abnegado-Sonhador, o Narcisista-Controlador ou Narcisista-Trabalhador Compulsivo e o Perfeccionista-Controlador.

Qualquer que seja o seu tipo, se você quer ter um relacionamento melhor, vale a pena conhecer tanto a si mesmo quanto ao seu parceiro.

Um aviso, porém: que isso seja divertido. O objetivo deste livro não é acusar o outro nem autoflagelar-se, mas passar por um processo de autoconhecimento que seja prazeroso e, evidentemente, ver como você e seu parceiro se inter-relacionam.

Uma vez identificado o seu tipo, você pode querer saber como seus traços estão afetando sua relação atual — ou, se você não tem uma relação no momento, como seus traços contribuem para não tê-la. Ou ainda, se você recentemente, ou mesmo há muito tempo, terminou uma relação que ainda lhe causa sofrimento ou continua sem entender o motivo, é importante que você pare para identificar o tipo do ex-parceiro e perceber de que maneira a combinação de seus traços com os dele contribuiu para o fim do relacionamento.

Como ter equilíbrio

Em sua forma clássica, todos os nove tipos de personalidade demonstram algum tipo de comportamento extremado. À medida que tomamos consciência dos efeitos dolorosos ou prejudiciais desse comportamento, podemos optar por nos comportar de uma forma menos radical e chegar a uma versão mais equilibrada do tipo. Quanto mais perto chegamos do centro, ou do equilíbrio, naturalmente nos tornamos mais generosos e amáveis.

Foi com a finalidade de modificar os aspectos negativos de cada tipo que acrescentei, no final de cada capítulo, uma série de sugestões. Entre elas, incluí uma breve meditação para facilitar o movimento em direção à mudança e, também, algumas afirmações simples para você repetir para si mesmo e assim fortalecer a mudança em sua consciência.

O desafio da mudança

Mudar nem sempre é fácil, mas é sempre possível. Quando eu era estudante, havia na faculdade uma garota extremamente antipática que irritava todo mundo por seu esnobismo intelectual e sua arrogância incorrigível. Toda vez que ela entrava na lanchonete acabava por aborrecer todo mundo contando sua última façanha intelectual, enquanto nós só queríamos tomar nosso café em paz, comentar o jogo de basquete do último domingo e sonhar com os lugares em que passaríamos as férias de primavera. Ela irritava a todos, mas acabou percebendo que assim que entrava, todo mundo se escondia debaixo da mesa para evitá-la, como se fosse uma peste.

Certo dia, ela me convidou para tomar um café, com o propósito único, ela confessou, de me perguntar por que ela afastava a todos enquanto se esforçava tanto para ter amigos. Por mais que eu tenha ficado constrangida pelo fato de ela abordar tão diretamente a questão, eu a admirei por sua coragem e aceitei o convite.

Alguns dias depois, tivemos uma conversa muito franca na qual eu disse a ela que as pessoas estavam realmente a fim de fazer amizade com ela. Na verdade, gostariam muito de conhecê-la, mas que provavelmente funcionaria melhor se ela não ficasse se gabando de ter escrito o melhor ensaio de filosofia do mundo, tirado a melhor nota em matemática ou acertado 99 por cento das questões do exame para colação de grau. Nós não estávamos interessados nisso, pelo contrário, estávamos cansados de sua eterna mania de exibir suas façanhas. O resto de nós estava se esforçando para fazer o melhor possível nos estudos e em nosso tempo livre queríamos apenas estar juntos e nos conhecer melhor. Seria mais conveniente, sugeri, que de vez em quando ela demonstrasse interesse por alguma outra pessoa que não ela mesma. "O que você achou da prova de matemática, Jack?" ou "Sinto muito pela morte de seu pai, Lee".

Acho que esse exemplo típico de Narcisista foi um dos meus primeiros "pacientes". Foi maravilhoso ver, com o passar do tempo, como ela mudou. Pouco tempo depois da nossa conversa franca, ela começou a convidar as pessoas para tomarem café juntas e até mesmo a fazer-lhes perguntas pessoais. Quando uma das colegas de dormitório foi parar no hospital, ela levou-lhe flores com um cartão. Chegou até mesmo a mudar sua imagem: começou a ler a revista *Mademoiselle* paralelamente aos livros de Chaucer e acabou indo a um jogo de basquete.

Vendo-a transformar-se, passei a sentir grande admiração por ela. Ela teve coragem para descobrir seus defeitos e, com isso, mudar. Dois anos depois, quando ela fez o discurso de formatura de sua turma, não foram seus resultados acadêmicos, mas os amigos que tinha conquistado que provaram ser a melhor conquista de sua vida acadêmica.

Como essa garota, muitas pessoas têm uma certa cegueira com respeito a si mesmas que as impede de ter os relacionamentos que desejam. Ninguém gosta de admitir isso, não por teimosia ou pobreza de espírito, mas simplesmente porque é muito difícil para qualquer pessoa enxergar realmente a si mesma. Sempre é mais fácil enxergar o outro, especialmente numa relação íntima. Afinal, temos diariamente diante de nós a roupa suja do outro, o jornal que ele insiste em deixar em desordem ao lado do sofá na sala, a correspondência que deixa empilhada sobre a pia juntamente com os restos do jantar da noite anterior.

Além disso, ao olhar para os outros, podemos desenvolver nossa capacidade de observação e quanto mais os conhecemos, mais podemos descobrir sobre nós mesmos. Observando como eles se relacionam com os outros, como expressam seus sentimentos, como trabalham de uma maneira calma e imperturbável, ou explodem diante da menor provocação, começamos a perceber como as pessoas se comportam. E uma vez desenvolvida essa capacidade de observação, podemos usá-la para lançar um olhar honesto sobre nós mesmos. Quando somos finalmente capazes de fazer isso, descobrimos, surpresos, que nossos próprios traços de personalidade, nossos hábitos e comportamentos, atitudes e problemas têm tanto impacto sobre a pessoa que amamos quanto os dela têm sobre nós. Não apenas isso, mas descobrimos também que toda relação é uma interação dinâmica dos atributos do outro com os nossos e dos nossos com os dele.

O que esse processo tem de fantástico é que, quanto mais sabemos como a nossa própria personalidade contribui para a dinâmica de um relacionamento, mais podemos mudar e, como minha colega de faculdade, mais podemos aprender a amar. Em vez de reclamar e insistir para que a outra pessoa mude, quanto mais modificamos nosso próprio comportamento, maior será a probabilidade de nossos relacionamentos também mudarem.

O autoconhecimento, que é a capacidade de enxergar quem realmente somos e o que fazemos, talvez seja o fator que mais influi em cada um de nossos relacionamentos. É também muitas vezes a falta de autoconhecimento que não deixa o amor chegar até nós, ou, se chega, o impede de alcançar a sua plenitude. Portanto, qualquer esforço que você faça para conhecer a si mesmo será uma grande contribuição para a sua relação.

Como você vai ver, cada tipo de personalidade tem qualidades positivas únicas e também limitações únicas. Essas limitações, ou características nossas que irritam nossos parceiros, representam não apenas motivos evidentes de frustração numa relação, mas também nosso potencial de crescimento pessoal.

Elas delimitam a arena na qual, em qualquer relação que tenhamos, somos desafiados a crescer.

As relações como meio de evolução

Por fim, temos de lembrar que todos nós passamos por um processo de evolução em nossas relações. Toda vez que seu tipo de personalidade se envolve com outro, é inevitável que você cresça. Isso nem pode sempre ser agradável; pelo contrário, pode ser um desafio monstruoso, mas é precisamente por meio dos relacionamentos que evoluímos como seres humanos e acabamos sendo capazes de dar a contribuição única que temos para dar nesta vida.

Esse processo é a razão da nossa vida. É principalmente para isso que as personalidades existem. É por meio delas que descobrimos o mundo, nos apaixonamos, avançamos rumo ao nosso eu espiritual superior e acabamos descobrindo que elas são todas partes de Deus, por mais magníficas ou peculiares que possam ser.

Espero sinceramente que o entendimento dos nove tipos de personalidade aumente a sua capacidade para amar mais profundamente, com mais bem-estar e com a graça que provêm da consciência dos papéis, seus e de seu parceiro, na dinâmica da relação de vocês. Entendendo melhor tanto a si mesmo quanto a seu parceiro, será possível fazer da relação um lugar em que ambos os tipos de personalidade vicejarão e no qual a maravilhosa e misteriosa dádiva — o Amor — possa alcançar seu mais elevado nível de expressão.

O NARCISISTA

"Chega de falar de mim; vamos falar de você.
O que *você* acha de *mim*?"

As personalidades do tipo Narcisista são aquelas que brilham e fascinam nas rodas sociais. Extremamente criativas, elas sempre têm uma idéia ou um projeto. Empolgantes e cheias de energia, elas intrigam e surpreendem todos os outros com suas infinitas e intricadas histórias acerca dos altos e baixos da vida delas. Seus ambientes são cheios de vida, criatividade e ação.

É o tipo de personalidade dos grandes realizadores. Como têm grande capacidade para focalizar o que lhes é importante, quando inspirados por uma idéia, eles conseguem concentrar todas as forças na sua concretização. Eles nos encantam porque parecem criar por si mesmos um mundo próprio, que é sempre complexo e extremamente fascinante. Nós nos sentimos felizes, e até mesmo privilegiados, quando eles nos convidam para partilhar da vida deles. Comparado com o nosso, o universo que eles criam parece brilhante, misterioso e excitante. Muitos artistas, escritores, músicos e líderes carismáticos são do tipo Narcisista.

Por serem extremamente egocentristas, eles conseguem concentrar suas energias e direcioná-las para o que quer que decidam fazer.

O Narcisista tem também uma capacidade incrível para atrair os outros. A mera capacidade de centrar-se em seus próprios interesses e acreditar na importância do que faz basta para que ele consiga angariar o apoio de todos ao seu redor. Isso, somado ao talento que tem, costuma levá-lo a resultados surpreendentes. Ele nunca se cansa de suas idéias e empreendimentos inovadores ou de envolver os outros em seus projetos. Com o tempo, entretanto, esse foco constante em si mesmo pode tornar-se aborrecido e até mesmo penoso para as pessoas que ele atrai para perto de si.

Claire, uma desenhista têxtil, criou seus primeiros desenhos notáveis de sacolas de papel quando ainda era adolescente. Todos na escola ficaram impressionados e Claire não perdeu tempo em coletar dinheiro de todos os amigos para poder ir a Nova York tentar a sorte no grande centro da criação de moda. Ela encontrou, obviamente, obstáculos em seu caminho. Alguns de seus desenhos foram roubados. Na verdade, ela os esqueceu numa cabine telefônica. Mas, quando voltou para casa, todos tiveram de ouvi-la falar à exaustão da pequena catástrofe para a sua carreira, amaldiçoar o ladrão e depois rir de seu equívoco, quando um estranho bondoso os devolveu.

Durante esse período, o pai de sua melhor amiga morreu, mas Claire não pôde comparecer ao enterro, porque não tinha condições de pagar nem mesmo uma passagem na classe econômica e, além disso, estava ocupada demais à procura de seus desenhos perdidos. De um jeito ou de outro, ela estava tão ocupada com seus próprios interesses que esqueceu até mesmo de mandar um cartão de condolências.

Por causa de sua determinação, Claire acabou conseguindo o que queria. Em poucos anos, tornou-se um sucesso estrondoso e, quando conseguiu sua primeira grande venda, convidou todos para uma festa em Nova York. Achando que ela ia agradecê-los pelo apoio dado, todos os seus amigos compraram passagens de avião e foram à festa, mas, quando chegaram, tudo o que ela fez foi deixá-los a par de todos os lances de sua escalada para o sucesso. Mas mesmo assim, eles estavam felizes por terem sido convidados, uma vez que o mundo dela era muito mais interessante do que o deles. E, quando ela apareceu na *Vogue* alguns meses depois, todos sentiram-se orgulhosos por conhecê-la.

Sinais reveladores do tipo Narcista

- Ele é brilhante, extremamente centrado e criativo.
- Os outros são atraídos por sua energia e suas realizações.
- Está preocupado com a visão que os outros têm dele.
- Tem um grande número de pessoas ao seu redor, mas, pensando bem, será que conhece realmente alguma dessas pessoas?
- Tem dificuldade para ouvir e compreender os problemas dos outros.
- Tem dificuldade para aceitar críticas.
- Bem no fundo, sente que nunca foi amado pela pessoa que é.
- Sente que, por mais elogios e apoio que receba, eles nunca o satisfarão.

Um olhar mais atento: características típicas do Narcisista

1. A atenção do Narcisista está sempre tão voltada para si mesmo que ele não consegue perceber os outros.

Em termos psicológicos, a dificuldade com a qual o Narcisista luta é o próprio narcisismo, palavra que tem origem na mitologia grega e refere-se a um homem jovem e belo, Narciso, que, à procura de si mesmo, ficou tão encantado com o próprio reflexo nas águas de um lago que acabou caindo e se afogando.

Como Narciso, o Narcisista está predominantemente preocupado consigo mesmo: *meus* problemas, o telefonema que *eu* não recebi, *meu* trabalho, *meu* progresso, *minha* dor, o vestido que *eu* vou usar na festa. Enquanto todos nós temos, obviamente, interesse em nós mesmos e em nossos problemas, o envolvimento do Narcisista consigo mesmo é tal que ele não consegue desviar a atenção de si mesmo e voltar-se para os outros por um período razoável de tempo.

Mesmo quando o Narcisista interessa-se pelo outro, normalmente é com o propósito de obter mais conhecimento ou benefício para si mesmo. O Narcisista não tem consciência de que não quer realmente conhecer outra pessoa, mas de alguma maneira, seu comportamento sempre o leva de volta para si mesmo. Assim como todos os caminhos levam a Roma, todas as conversas levam o Narcisista de volta para si mesmo. É como se conhecer outra pessoa fosse algo complicado demais para ele. Talvez ele não tenha tempo — essa pode ser sua desculpa — mas mesmo que o tenha, com certeza não é a sua inclinação.

2. O Narcisista tem dificuldade para sentir empatia, aquela capacidade especial do ser humano de sentir o que o outro está sentindo.

Se você diz a um Narcisista: "Estou arrasado porque sofri um terrível acidente de carro. Sofri uma lesão grave no pescoço e temo que fique com um problema de articulação pelo resto da vida", em vez de mostrar empatia e dizer: "Sinto muito. Parece assustador. Há algo que eu possa fazer para ajudar?", o Narcisista vai desviar a atenção de volta para si mesmo. "Isso me faz lembrar do acidente de carro que *eu* sofri", ele dirá. "Tive uma lesão muito grave e até hoje não me recuperei." Ou "Oh, isso não é nada comparado com a batida que dei no meu pé". Outra resposta possível do Narcisista é: "Isso não é nada" ou "Vai passar". Qualquer que seja a sua resposta, o Narcisista procura sair o mais rápido possível da posição incômoda de ter de oferecer empatia e voltar para a posição cômoda de falar de si mesmo.

O Narcisista não é, portanto, um bom ouvinte. Apesar de esperar que *você* ouça com entusiasmo esfuziante e, evidentemente, lhe responda com muitos elogios, empatia e sugestões para a solução de sua miríade de problemas — ele não se cansa de receber elogios por seu novo traje de banho, pela pintura da parede, pelo emprego que acabou de conseguir, pelo esmalte de unhas púrpura, pela maneira com que conduziu o último seminário ou passou um sabão na sogra —, o Narcisista tem um pavio extremamente curto quando se trata de ouvir o outro. Como um fogo de artifício aceso, dificilmente haverá um momento de silêncio depois que o pavio tenha começado a queimar, sem que ele recomece com sua ladainha de necessidades, preocupações e pedidos de aprovação.

3. O Narcisista passa uma imagem de merecimento e autoconfiança.

Como parece estar sempre envolvido com o que está fazendo, ganhando ou sendo no momento, ele projeta uma imagem de quem se sente merecedor e autoconfiante. Como ele parece se valorizar, tendemos a valorizá-lo também. A mensagem transmitida por ele diz que devemos, de alguma maneira, apoiar sua atitude, entender seu egocentrismo e dar a ele toda a atenção que deseja e necessita.

4. O Narcisista é também especialista em queixar-se dos outros, e particularmente daqueles que o decepcionaram.

Como o Narcisista projeta uma imagem de merecimento e autoconfiança, ele parece ter razão em queixar-se de tudo e de todos que não deram a ele a atenção, o apoio e o carinho que ele tão obviamente merece e necessita.

Esse sentimento de que tem direito de se queixar tem origem, como veremos, num sentimento profundamente arraigado de não ser amado. Como não tem contato com esse sentimento, o Narcisista trata todos ao seu redor, inclusive possíveis estranhos, como se eles devessem dar a ele o amor exclusivo e incondicional que se pode esperar apenas dos pais.

5. O Narcisista é emocionalmente frágil.

Embora não pareça para os outros, por sua grande capacidade de angariar apoio, o Narcisista é muito frágil emocionalmente e muito inseguro. Por dentro, ele não tem nenhuma certeza de que tudo o que faz é tão grandioso quanto diz. É exatamente por isso que ele está sempre pedindo elogio, apoio e aprovação.

6. O Narcisista identifica-se mais com suas realizações do que com seus sentimentos.

O Narcisista está sempre querendo chamar a atenção porque no fundo não tem certeza de que tem valor pelo que é. Pela identificação excessiva com o que faz, ele consegue ter uma noção limitada do próprio valor e proteger-se da dor por não sentir-se amado.

Por que amamos as pessoas do tipo Narcisista

Gostamos de estar perto de um Narcisista porque ele está sempre inventando alguma coisa. Ele chama a nossa atenção pelas coisas interessantes que faz. No início da relação, adoramos ouvir as histórias extremamente envolventes que ele não se cansa de contar sobre si mesmo. Ele é importante para si mesmo e importante para o mundo, e gostamos de estar perto de pessoas tão visivelmente interessantes e importantes. Como o capitão do time de futebol com quem toda colegial quer fazer um programa, nós queremos ter relação com as pessoas do tipo Narcisista, porque elas fazem coisas notáveis e queremos participar de suas glórias.

Ele também sabe como ninguém apresentar seu mundo em telas coloridas e, com isso, convidar todos os demais a darem uma olhada em sua vida excitante. Adoramos saber de seu mundo, direta ou indiretamente, porque ele é tão cheio de vida, incomum e fascinante.

Gostamos também de amar as pessoas desse tipo, porque elas projetam um senso aparentemente imperturbável de valor próprio. A maioria de nós não se sente tão autoconfiante, nem tem coragem para pedir tão abertamente apoio e aprovação como ele faz. Por isso, o contato com o Narcisista nos inspira a pedir mais, a achar legítimo pedir ajuda para nós mesmos e a sermos mais diretos.

Por que o Narcisista nos irrita

O Narcisista é um sugador de energia. Ele nos exaure com sua constante necessidade de afirmação e atenção. Ficamos cansados de vê-lo sempre envolvido consigo mesmo. Numa relação com um Narcisista, só há lugar para uma pessoa, ou seja, para ele.

Devido à sua tendência a fazer dos outros seus servos, o Narcisista costuma exaurir as pessoas que o amam e, conseqüentemente, acaba perdendo a atenção e o afeto verdadeiros das pessoas que ele atrai para seu círculo de amizades e relações íntimas. A pessoa que ama um Narcisista acaba se cansando e, seguindo o exemplo dele, grita: "E EU nessa história?" E então a pessoa que tem relação com um Narcisista recebe como resposta aquela que só ele sabe dar, ou seja, uma aula sobre como desenvolver autoconfiança e interesse por si mesmo, o que pode muito bem ter faltado antes da entrada em cena do Narcisista, para demonstrar como isso funciona na prática.

O Narcisista sabota a relação com seu individualismo porque não tem nenhuma das capacidades mais profundas necessárias para manter o equilíbrio da relação, particularmente, a capacidade de dar *e* receber, de falar *e* ouvir, de nutrir *e* ser nutrido, de empatizar-se *e também* deixar-se impregnar pela corrente de empatia que lhe é oferecida.

O que realmente acontece com o Narcisista

Para quem o observa de fora, o Narcisista parece estar muito bem. Está tão envolvido consigo mesmo e, aparentemente com o ego tão inflado que é difícil acreditar que ele possa ter algum problema. Alguém que está sempre perguntando: "O que devo fazer nesse caso?", "O que você acha da minha...?" ou dizendo: "Temos de voltar para casa, esqueci minhas vitaminas!" não apenas parece, mas é, de fato, tão obviamente capaz de tomar conta de si mesmo que é difícil acreditar que possa ter algum problema. Suas exigências constantes de opiniões, aprovação, admiração, elogios, comentários e atenção levam as pessoas que o observam de fora a acharem que ele está realmente muito bem. Mas essa exigência constante de atenção e apoio é, na verdade, um indício de um nível mais profundo de insegurança.

Se o observarmos um pouco mais profundamente, veremos que o Narcisista é na realidade extremamente frágil interiormente e sente-se despreparado para enfrentar a vida. Apesar de todos os seus esforços para chamar a atenção, o Narcisista sente como se a atenção recebida nunca fosse o bastante para torná-lo apto a lidar com a realidade de outra pessoa. Apesar de parecer forte e confiante, perfeitamente à vontade para tirar proveito das situações, por dentro ele se sente inadequado, incapaz de afirmar seu próprio eu ou ter um "ego estruturado", como diriam os psicólogos, para manter suas opiniões na presença do ego de outra pessoa.

Ele não quer envolver-se demais com outra pessoa porque sente-se emocionalmente despreparado para isso. O tipo Narcisista não saberia o que fazer quando deparasse com os problemas da outra pessoa com respeito às roupas *dela*, à celulite *dela*, o marido mulherengo *dela*, o desemprego *dela* ou o alcoolismo da mãe *dela*. Inconscientemente, ele teme não ser capaz de lidar com quem quer que seja, porque no fundo se sente como se ainda não tivesse recebido o suficiente para poder ajudar os outros.

A ferida emocional do Narcisista é uma profunda falta de amor. Todo ser humano merece ser amado simplesmente por existir e ser o que é. O amor é, na realidade, essa simples aceitação incondicional, que é um direito natural de todo mundo. Merecemos ser amados não por termos recebido uma medalha de ouro, termos entrado para o time vitorioso de hóquei ou vencido o concurso de beleza, mas simplesmente porque somos nós mesmos, e o amor incondicional é a resposta apropriada à condição de existirmos.

Quando sentimos o amor incondicional – o amor simples e sincero de nossos pais – tudo em nossa vida faz sentido. Sabemos que temos valor. Sabemos que o que fazemos não é tão importante quanto nossas emoções e sentimentos e que não importa o que façamos, qualquer que seja a medida do nosso sucesso, nós temos valor, simplesmente por sermos o que somos.

Na falta desse amor, o Narcisista acha que deve fazer alguma coisa para obtê-lo ou para merecê-lo. É então que começam seus constantes esforços para consegui-lo (e, por conseguinte, a necessidade de aprovação que é típica do Narcisista). Basicamente, tudo o que o Narcisista precisa saber é: *Eu mereço estar aqui* e *Sou amado pelo que sou*. Mas como os pais do Narcisista sofreram eles mesmos a falta de amor, passaram adiante essa ferida. Eles próprios podem ter tido pais que confundiam o valor das realizações com a bênção da existência pura e simples. Em conseqüência disso, em vez de conhecer o valor precioso de viver de acordo com sua própria essência, o Narcisista vive o inferno resultante da confusão que o leva a se perguntar incessantemente se tem valor pelo que é ou pelo que fez. Ele precisa simplesmente, sem nenhuma razão em especial (e por todas as razões), ser amado. Ser recebido de volta no ninho acolhedor do amor incondicional.

Conheço uma encantadora jovem narcisista que está sempre se queixando de seu pai que, segundo ela, é tão hipócrita, egoísta e preocupado em fazer sucesso que é cego para as necessidades dela. "Não sei como ele não consegue ver minhas necessidades", ela está sempre se queixando, mesmo depois de ele ter-lhe dado um cartão de crédito, um carro novo para ir à faculdade e apoio total para ela escolher entre as treze diferentes faculdades que estava considerando.

"Ele só consegue pensar em si mesmo", ela diz. "Está sempre tão ocupado com seu trabalho de advogado, sua nova esposa e o bebê deles que nunca pensa em mim", ela queixa-se nos telefonemas para os amigos a qualquer hora do dia ou da noite, acordando os filhos deles e interrompendo suas noites tranqüilas em casa para falar-lhes das faculdades que acabou de visitar, das roupas que usara em cada uma delas e de que maneira ia gastar sua mesada.

Os pais divorciaram-se quando ela era bem pequena e, como andavam envolvidos com seus próprios problemas, ela nunca sentiu-se segura do amor deles. Em conseqüência disso, ela é a imagem espelhada do envolvimento excessivo de seu pai consigo mesmo e está sempre querendo desesperadamente chamar a atenção dele, a mesma atenção que ele também nunca teve do próprio pai, um político muito ocupado que só se preocupava com o bom andamento de seu trabalho e com os votos de seus eleitores, e nunca tinha tempo para estar com os filhos.

Como demonstra o exemplo dessa jovem, muitos Narcisistas tiveram um ou ambos os pais narcisistas, tão envolvidos consigo mesmos que não arranjavam tempo para dar amor e carinho ao filho. Durante todas as suas fases de desenvolvimento, quando a criança precisava sentir-se amada pelo que era, seus pais estavam voltados para os seus próprios interesses narcisistas. Como não foram capazes de promover o desenvolvimento dela, a criança ficou desamparada. Por isso, o Narcisista sente-se inseguro interiormente, mesmo que, na prática, ele seja muito provavelmente uma pessoa muito talentosa e capaz.

Por exemplo, a mãe de Jake, uma modelo que deu à luz a Jake quando tinha 38 anos e ressentiu-se dele pelo estrago que a gravidez causou em seu corpo. Por anos, ela fora o centro da atenção internacional e seu senso de identidade estava baseado sobretudo na percepção de si mesma como uma linda mulher de belas formas.

Desde o instante em que Jake nasceu, ela tentou de todas as maneiras possíveis recuperar a juventude perdida e a percepção de si mesma como uma mulher bela. Embora ela continuasse sendo linda, o impacto da gravidez havia distorcido de tal maneira a imagem que tinha de si mesma que ela passou a pedir constantemente a reafirmação do pai de Jake e, posteriormente, a do próprio Jake.

Em vez de ser tratado como filho, o pequeno Jake era um espelho para a mãe. Todas as coisas que ele precisava ouvir sobre si mesmo — que era um menino lindo e inteligente, que estava indo muito bem na escola, que mamãe tinha orgulho dele e estava feliz por ele ter nascido — ela inconsciente, porém persistentemente, recusou-se a dizer. Como Jake era brilhante, ele progrediu apesar de sofrer com a falta de atenção.

Continuou indo muito bem na escola e, graças à sua inteligência, acabou sendo o orador da turma na formatura do colégio e, depois, na da faculdade. Durante todo esse tempo, entretanto, ele nunca deixou de pedir aos colegas, amigos e namoradas que massageassem seu ego, dizendo-lhe o quanto era brilhante e ajudando-o a humilhar qualquer pessoa que chegasse perto de ser tão talentosa quanto ele.

Apesar de Jake ter conseguido atrair muitos amigos e namoradas por sua criatividade e brilhantismo — ele é hoje um jornalista bem-sucedido — suas relações íntimas foram sempre desastrosas. Mais cedo ou mais tarde, todas elas acabam virando uma sinfonia de exigências que alimentem seu ego masculino, dizendo-lhe o quanto ele é maravilhoso. "Você viu o meu artigo sobre a Tempestade de Areia no *Sunday Post*?" "Você sabia que sou muito bem-visto no *Chronicle*?" "O editor da *Life* simplesmente adorou meu artigo sobre as tensões no mercado financeiro; qualquer dia desses eles vão querer que eu faça parte de sua equipe, você não acha?"

Jake é bem-sucedido em sua carreira profissional, mas o mesmo não acontece em sua vida amorosa. Ele não entende por que um homem com todas as suas credenciais e realizações não consegue atrair uma grande mulher e continua pedindo a todos os amigos que digam, não qual é seu problema, mas o quanto ele é bom e que a qualquer momento a mulher de seus sonhos surgirá em sua vida.

E também há o Fred. Ambos os pais de Fred eram atores de teatro de variedades. A mãe era famosa pelo fascínio que causava nos homens e o pai, um grande dançarino. Eles faziam turnês e recebiam aplausos delirantes. O nascimento do pequeno Freddy trouxe um problema para eles. Em vez de pararem o que faziam e mudarem de profissão, eles passaram a arrastar Freddy consigo a todos os espetáculos. Ele nunca sentiu que era importante por si mesmo. Em doze anos, ele freqüentou dezesseis escolas diferentes. Enquanto crescia, a mãe, que estava perdendo a beleza em conseqüência das agruras das longas jornadas, costumava pedir a Freddy que se sentasse com ela no camarim e lhe repetisse um milhão de vezes por dia o quanto ela ainda era bonita. Enquanto isso, o pai lhe ensinava a dançar, mas afirmando sempre que ele não era e nem nunca seria um dançarino tão bom quanto ele próprio era.

Quando Freddy cresceu, ele quis ser ator. Trazia no sangue o talento para o teatro. A essa altura, os pais já tinham morrido, mas ele continuava sentindo que não era amado. Diferentemente de Jake, que não conseguia manter uma relação com uma mulher por muito tempo, Freddy casou-se cedo. Trabalhando como eletricista, ele estudou teatro, colocando constantemente sua família em dificuldades financeiras com seus dispendiosos cursos de teatro e suas repetidas incursões a fotógrafos e a testes para se candidatar a papéis a quilômetros de distância. Enquanto a família de Freddy sofria, exatamente como ele tinha sofrido quando pequeno, ele decorava seus papéis à mesa do jantar, pedindo que a mulher e os filhos o aplaudissem, até que sua mulher, parece que cansada de sua eterna necessidade de representar e ser aplaudido, o deixou "abruptamente", depois de nove anos de casamento.

Às vezes, a ferida emocional do Narcisista não tem relação direta com o fato de ele ter tido um pai ou uma mãe narcisistas, mas antes de uma situação familiar que não pôde proporcionar a ele as condições apropriadas para o seu desenvolvimento. Numa situação em que o amor não é o bastante para alimentá-la, a criança pode também sofrer uma profunda dor emocional por não se sentir amada.

Tomemos o caso de Carrie como exemplo. O irmão mais velho dela era esquizofrênico e criava tantos problemas para a família que, durante todo o período de crescimento de Carrie, ele era o único foco de atenção. Era sempre: "Qual será a próxima de Bobby?" "O que ele vai fazer? Será que ele vai chegar em casa e maltratar a mamãe e o papai como costuma fazer toda semana?" Mesmo com esse comportamento destrutivo, ele absorvia tanto a atenção do círculo familiar que Carrie nunca recebeu o cuidado e apoio de que necessitava para sentir que era importante, que tinha valor, em suma, que era amada.

A doença do irmão, que surgiu quando ele tinha 4 anos, e agravou-se aos 10, continuou sugando as energias da família durante todos os anos em que ela viveu com a família. Impossibilitada de obter o amor de que necessitava, Carrie sentia-se interiormente desesperada. Também preocupava-se muito com seu futuro e duvidava de sua capacidade para se manter por conta própria, quando fosse adulta, e de que teria alguma contribuição importante a dar. Então, ela tomou a trilha narcisista de pedir a todos que cruzavam seu caminho apoio, aprovação e indulgência, esperando inconscientemente que, com isso, viesse a se tornar suficientemente forte e amada para tomar conta da própria vida.

Sejam quais forem as circunstâncias específicas que geraram a falta de amor em suas vidas, muitos Narcisistas são pessoas talentosas que precisam saber que têm valor pelo que são.

Nada pode compensar a falta de amor. E a tragédia do Narcisista advém do fato de também ele confundir a atenção que obtém com o verdadeiro amor incondicional de que ele tão desesperadamente necessita.

O que diferencia o Narcisista de todos os outros tipos

O Narcisista quer ser sempre o centro das atenções, enquanto nós, dos outros tipos, precisamos ocupar esse lugar apenas ocasionalmente. Apesar de ser saudável concentrar-se unicamente nos próprios interesses de vez em quando, sabemos que os relacionamentos são trocas em que tanto damos quanto recebemos e que, de acordo com o fluxo natural das coisas, há um momento em que desviamos o foco de nós mesmos para focalizar o outro.

Na verdade, é essa capacidade de ser, algumas vezes o objeto de atenção do outro e, outras, fazer voluntariamente do outro nosso foco de atenção que constitui a troca emocional de qualquer relacionamento. É mediante essa troca que as duas pessoas envolvidas no relacionamento conseguem sobreviver e se desenvolver.

O que o Narcisista tem para nos ensinar

O que todos nós podemos aprender com o Narcisista é como cuidar melhor de nós mesmos. Podemos também descobrir que preocupar-se um pouco consigo mesmo é uma atitude saudável. O Narcisista nos mostra que vale a pena lutar por nossos talentos e que a concentração numa meta traz resultados. Essa capacidade do Narcisista é uma fonte de inspiração para nós. Além disso, por parecer que está sempre voltado para os próprios interesses, o Narcisista nos fascina por ser capaz de nos revelar tantos ângulos e diferenças de personalidade e mesmo de vida, tantos mundos e interesses aos quais os outros tipos jamais se dariam ao trabalho de prestar atenção.

Aprendemos com eles a perceber o quanto a vida é complexa: como nossas roupas, nossa casa, nossos filhos, nossos amigos, nosso parceiro, os estranhos, os lugares, as férias, as dietas de vitaminas, a prática de exercícios, os estilos de penteado e os esmaltes de unhas podem nos afetar, tornar nossa vida mais interessante e estruturada, além de constituírem assuntos de interesse em nossa vida e em nossas conversas.

Por sua capacidade incomum de interessar-se por tudo o que diz respeito à sua vida, o Narcisista nos mostra o quanto nossa própria vida também pode ser rica e variada.

O que o Narcista precisa aprender sobre os relacionamentos

Ele precisa aprender que os relacionamentos são vias de mão dupla. Que a intimidade, aquele sentimento de amor e proximidade que todos nós valorizamos tanto, é alcançada não apenas quando obtemos o que necessitamos, mas também quando descobrimos que somos capazes de dar aos outros o que eles necessitam. O amor e o prazer numa relação ocorrem quando conseguimos nos ver como pessoas capazes de amar. Quanto mais amor damos — mais atenção, afeto, aprovação, estímulo, apoio, empatia, capacidade de ouvir e compartilhar — mais nos sentiremos em intimidade e harmonia.

O Narcisista precisa aprender a dar o amor de que ele mesmo tanto necessita, pois só assim o receberá.

O que o Narcisista pode fazer para chegar ao equilíbrio

1. Ouvir.

O Narcisista só vai começar a desfrutar os prazeres proporcionados pelos relacionamentos quando aprender a ouvir, não apenas as respostas que dizem respeito a ele mesmo, mas também as informações que revelam quem são as outras pessoas. Perderemos a oportunidade de saber o quanto as outras pessoas são fascinantes se estivermos interessados apenas em *suas* reações a *nós*. Elas podem nos dizer coisas surpreendentes sobre si mesmas, o que andam fazendo e o que estão pretendendo, se conseguimos nos livrar do medo de ficarmos invisíveis caso paremos para ouvi-las. Em vez de nos preocuparmos apenas com nós mesmos, aproveitemos a oportunidade de nos distrair com os assuntos dos outros.

Pouco tempo atrás, vi na praia uma menininha cuja mãe era, com certeza, uma pessoa do tipo Narcisista. "Como está meu bronzeado?", ela estava sempre perguntando, "Estou pegando cor? Será que devo passar mais creme? Quando é que o papai vai voltar do almoço?", sem parar nunca para ouvir o que a filha estava dizendo: "Mamãe, acabo de ver uma tartaruga enorme lá na água! Era tão bonita, com seu casco verde e suas nadadeiras!"

2. Fazer perguntas.

Como está sempre voltado para si mesmo e obrigando todo mundo a olhar para ele, o mundo do Narcisista vai ficando cada vez menor. Por isso, se você quer se livrar do peso e da solidão de seu narcisismo (porque o narcisismo torna a pessoa extremamente solitária), comece a fazer perguntas a todas as pessoas que encontrar: Como vai? Como anda a sua vida? Com o que você anda ocupado ultimamente? Qual é o seu prato preferido?

Correr o risco de conhecer outras pessoas vai possibilitar que você perceba o quanto seu ego é forte para suportar o risco de aproximar-se realmente dos outros. Quanto mais você se arriscar, querendo saber sobre as outras pessoas, mais oportunidades terá para perceber o quanto elas são interessantes e o quanto a vida é fascinante. Isso faz parte da riqueza do amor.

3. Responder.

Como já dissemos, o Narcisista tem medo de conhecer outras pessoas porque no fundo teme não ter preparo emocional para responder a elas. Lembre-se de que *qualquer resposta que seja verdadeira cria proximidade*. Ela não tem de ser perfeita, mas simplesmente verdadeira. Pode ser até mesmo uma tentativa gaguejada de oferecer empatia ou apoio. É o esforço bem-intencionado que conta.

Quando a mãe de sua melhor amiga morrer, em vez de calar-se, por puro constrangimento, procure dizer: "Soube que sua mãe morreu e não sei realmente o que dizer. Nunca passei por essa experiência. Acho que tudo o que posso dizer é que sinto muito". Ou, quando uma pessoa lhe disser que está doente ou esgotada, em vez de responder: "Isso me faz lembrar de quando eu estive doente", diga "Sinto muito. Você gostaria de falar sobre isso? Fique à vontade".

4. Aprender a demonstrar empatia.

"Sinto muito. Parece terrível." "Fico muito feliz por você. Fico contente por saber que você está tendo umas férias maravilhosas." "Seu novo emprego parece formidável. Parabéns!" Quando damos respostas como essas, estamos demonstrando às pessoas que estamos partilhando da realidade delas. O incrível disso é que não estamos apenas sendo mestres em empatia e que *eles* não se sentem mais sozinhos, mas que *nós* também não nos sentimos mais sozinhos. Sempre que você lança uma corda para salvar alguém, você está ganhando um companheiro de jornada. Se ele se perder para sempre, com ele irá sua alegria.

O Narcisista está sempre na situação de alguém que vacila entre o desejo de enviar um cartão de condolências para a família do homem que morreu num acidente de carro e o medo terrível de não dizer a coisa certa e, por isso, acaba não enviando nada. A verdade é que um sincero "Sinto muito" pode aproximar você da outra pessoa até que você desenvolva a capacidade para dizer algo mais complexo.

5. Elogiar os outros.

Comece agora mesmo e pratique esse exercício diariamente. Pelo menos uma vez por dia, perceba uma qualidade em outra pessoa que seja digna de destaque e elogie-a. Você verá que suas próprias qualidades não desaparecerão com isso e que, longe de se encontrar no eterno terreno movediço do Narcisista, quanto maior for sua generosidade para elogiar os outros, maior será a tranqüilidade e solidez com que se firmará em sua própria consciência.

Repetimos: elogiar, reconhecer e dar as respostas que você está sempre querendo obter são atos que trarão a você uma enorme sensação de bem-estar. Em vez de se sentir como um ser carente, frágil e desesperado que precisa estar sempre sendo amparado, você perceberá que, por força de sua doação, os outros serão atraídos para você e lhe darão *naturalmente* a atenção de que você tanto necessita.

6. Aprender a receber críticas.

Como o Narcisista se sente inseguro com respeito a si mesmo, ele tem extrema dificuldade para receber críticas. É como se ele estivesse constantemente dizendo: "Se você não consegue me elogiar, se não está do meu lado, se não acha que sou brilhante, então saia de perto de mim pois sou frágil demais para melhorar".

A crítica construtiva é exatamente isso: construtiva. Ela nos diz de que maneira nossa posição pode ser fortalecida, se estivermos dispostos a ouvir e a fazer alguns ajustes. Portanto, respire profundamente, interiorize a crítica e procure honestamente assimilar seu conteúdo. Se alguém lhe diz: "Você está sempre falando de si mesmo e francamente estou cansado de ouvi-lo", faça um esforço consciente, da próxima vez que pedir conselho ou apoio, para retribuir o favor, perguntando: "Há algo que eu possa fazer por você?" Ou, respirando profundamente, olhe para o relógio e decida que, durante os próximos cinco minutos, você irá ouvir o que quer que a pessoa tenha para dizer e quando ela terminar, dará a ela a resposta apropriada. Seja ela, "Que ótima notícia!" ou "Sinto muito por saber o quanto as duas últimas semanas foram difíceis para você", deixe que a pessoa saiba o que você está pensando.

O Narcisista precisa aprender a desacelerar e saber que o mundo não vai acabar se quinze mil pessoas não lhe disserem a cada cinco minutos o quanto ele é importante. Se você fizer algumas pausas na conversa e parar de pedir as respostas sem as quais acha que não pode viver, você descobrirá que as outras pessoas podem ocupar esses espaços para mostrar-lhe algo novo. Em vez de todas as conversas serem sobre você, você poderá ouvir a outra pessoa falar de uma extraordinária experiência espiritual que teve, da maneira como enfrentou um desafio pessoal (e com isso deu-lhe um exemplo), ou como todos nós deveríamos nos preocupar em diminuir o "efeito estufa".

7. Assumir claramente sua necessidade de ser amado.

Como a grande ferida do Narcisista tem origem no fato de ele não ter sido suficientemente amado, grande parte de sua necessidade de chamar atenção pode ser evitada se ele aprender a dizer simplesmente: "Por favor, diga que me ama". Ou ainda mais simplesmente: "Eu preciso de seu amor".

Meditação para o Narcisista

Vou me sentir amado sempre que me lembrar de que preciso tanto dar quanto receber atenção. Meu relacionamento crescerá por meio de minha generosidade para com os outros. Quanto mais conseguir desviar minha atenção de mim mesmo e concentrá-la nos outros, melhor será meu relacionamento com eles. Quando dou amor, me sinto amado.

Afirmações para ter equilíbrio

A pessoa que amo não é exatamente igual a mim.
As outras pessoas também têm necessidades.
Quando dou amor, me sinto amado.

O EXALTADO

"Leve tudo ao extremo outra vez."

Os Exaltados são as supernovas flamejantes do espectro das personalidades. Dramáticos e extravagantes, eles iluminam qualquer espaço com sua forte presença. A emoção é a vida que eles vivem e o ar que respiram. Quanto mais estrondosa, mais prolongada e intensa, melhor. A palavra emoção, derivada do latim, significa "sair de", e o tipo Exaltado está sempre irradiando energia e sentimentos do seu corpo para o ambiente circundante.

O Exaltado é companhia muito divertida, uma vez que para ele qualquer coisa é uma aventura de proporções épicas. O Exaltado é o rei do drama, propenso ao exagero e amante dos superlativos: ele sempre teve o *pior* dia, fez a *melhor* viagem de trem, comeu o *mais delicioso* mousse de chocolate, ou perdeu um *milhão* de dólares (na realidade, mil dólares), teve que atender a quinhentos telefonemas (melhor, quinze). Ele pode ser um excelente vendedor, relações públicas, agente, gerente ou líder de torcida e se dá bem em qualquer profissão que envolva excitação e espalhafato ou a edificação de algo ou de alguém.

Ele está sempre cheio de entusiasmo, pois é mestre em recorrer à emoção para causar impacto.

O Exaltado pode exercer seu fascínio para arrastar você para dentro do remoinho de suas energias. Talvez você não goste do fato de ele despender tanta energia, mas ficará assim mesmo atraído, uma vez que sua grande intensidade levará você a alturas que jamais ousaria subir sozinho.

O Exaltado não esconde nada nem guarda nada abaixo da superfície. Você identifica um Exaltado assim que depara com alguém que fala sem constrangimento e com muita segurança dos próprios sentimentos. Ele não oculta nada. Quando você sai de um encontro com um Exaltado, não precisa nunca se preocupar com a possibilidade de ele estar escondendo algo. O que ele sente, acredite-me, você fica sabendo. Diferentemente do Narcisista, o Exaltada tem necessidade de expressar seus sentimentos, e de maneira intensa. Feito isso, ele pode interessar-se em ouvir o que você tem a dizer, pois já teve a sua dose de excitação.

Katherine é uma Exaltada atraente e espirituosa que, assim que terminou a faculdade, começou sua carreira no degrau mais baixo de uma grande editora de livros. Hoje, com 35 anos, ela acabou de ser nomeada diretora de publicidade. Ela conseguiu esse cargo tão rapidamente, porque é uma publicitária loquaz e emocionalmente vibrante. Os produtores de programas de TV e rádio, influenciados pelo entusiasmo contagiante de Katherine, anunciam os escritores de sua editora com muito mais freqüência do que os das outras. O mesmo acontece com seus pretendentes — ela emana tanto charme e energia que eles não conseguem deixar de se envolver com ela. Mas se você cruzar com Katherine, tome cuidado, pois ela virá diretamente até você, com o dedo em riste, e lhe dirá em alto e bom som o que você fez de errado. No calor do momento, ela costuma fazer ameaças vãs do tipo: "Estou caindo fora", "Vou deixar você". Se questionada posteriormente, ela diz que, na verdade, não queria dizer isso.

Sinais reveladores do tipo Exaltado

- Ele tanto sente quanto expressa suas emoções com intensidade.
- Chora e/ou esbraveja muito.
- Dramatiza nos relacionamentos.

- Gosta de ter sentimentos exaltados.
- Acha que as outras pessoas não são tão emotivas quanto deveriam ser.
- Expressa o que sente por todos com quem convive.

Um olhar mais atento: características típicas do Exaltado

1. O tipo Exaltado é exagerado em suas emoções.

Em termos psicológicos, o Exaltado é histérico. Ele parece estar sempre querendo mergulhar nas águas profundas das emoções ou reagindo a todas as situações com "seus sentimentos". Para ele não basta simplesmente dizer, mas tem também de *demonstrar* o quanto está se sentindo bem ou mal. Ele expressa os sentimentos que a maioria de nós procura evitar ou reservar apenas para ocasiões especiais. A frase "Não convém fazer tempestade em copo d'água!" é com freqüência aplicável ao Exaltado. Parece que o Exaltado "perde as estribeiras" ao menor motivo, fazendo drama de qualquer ninharia que acontece em sua vida ou no relacionamento.

2. Qualquer coisa é capaz de afetá-lo emocionalmente e ele precisa que você sempre ouça o que ele tem a dizer a respeito.

O Exaltado está sempre querendo que você saiba como ele está se sentindo. E não basta que você simplesmente o ouça ou forme uma opinião em silêncio. Ele precisa criar uma cena, esbravejar, xingar, ameaçar ou quebrar pratos para que você saiba que o que fez é totalmente imperdoável e que, por isso, terá agora de rastejar para voltar a merecer a boa vontade dele. Em casos extremos, ele pode recorrer à violência física.

Para ele, qualquer coisa é motivo para discussão. Nada deixa de ser registrado por sua escala Richter emocional. Um terremoto emocional que seria capaz de soterrar uma cidade grande mal consegue alcançar o degrau mais baixo do sismógrafo do Exaltado. Ele está sempre tendo reações a algo, e 90% das vezes elas são intensas. "O que você quer dizer com 'não importa'?" ou "Como você pode fazer isso comigo?" são os gritos de guerra mais comuns de um Exaltado típico.

Para o Exaltado, tudo é uma catástrofe. Uma constatação do tipo "Meu marido já deveria ter chegado há quarenta minutos" é transformada em "Ele sofreu um acidente e o carro pegou fogo. Nunca mais vou voltar a vê-lo!" E outra do tipo "Ele fez compras demais com os cartões de crédito" transforma-se em "Vamos parar na cadeia. Ele está nos levando à falência". E ao expressar o que sente diante da catástrofe, ele diz muitas vezes coisas que depois dirá que não foi bem assim — que ia abandonar você, que você é a pior pessoa do mundo, que ele ia saltar da ponte por causa do que você fez. Embora, quando alterado, ele queira que seus sentimentos sejam levados a sério, muitas vezes ele fica espantado quando, horas depois, vê que você ainda está magoado por algo que ele disse no calor do momento.

Apesar de todas as pessoas desse tipo serem propensas a amar o mundo das emoções, e especialmente suas próprias expressões emocionais, cada uma delas torna-se especialista numa emoção em particular. Por exemplo, alguns Exaltados são lamurientos. Conheço uma com quem nunca se pode ter uma conversa sem que ela lamente que está a ponto de se jogar num precipício: quatorze fatos inacreditáveis aconteceram, a quantidade de açúcar em seu sangue está fora de controle, o namorado dela acabou de deixá-la, a geladeira quebrou, o jardineiro não aparece há semanas e a grama já chegou à altura das janelas. Além disso, a filha dela rejeitou-a, ela está mais gorda do que nunca e, a propósito, por que você não tem lhe telefonado ultimamente para saber de tudo isso?

Outro subtipo do Exaltado costuma esbravejar e bater portas. Esses Exaltados só sabem que estão sentindo algo se elevam a voz, esgoelam-se de tanto gritar e fazem as vidraças das janelas tilintarem ou os vizinhos estremecerem debaixo dos cobertores. E batem as portas com toda a força, tiram o caminhão em marcha a ré da garagem, cuspindo fogo pelas ventas, ou arremessando a frigideira contra a parede. Com essas atitudes, eles conseguem aumentar a própria agitação e também, obviamente, aterrorizar quem quer que esteja por perto.

Existem ainda os Exaltados que recorrem à agressão verbal. Esses costumam descarregar seus conflitos emocionais dizendo algo realmente cruel e odioso com intenção de atingir o ponto fraco da outra pessoa. É como se eles conhecessem muito bem o calcanhar-de-aquiles de todas as outras pessoas. Seu alvo é a veia jugular e nunca deixam de acertar. Seus ataques verbais são certeiros, apesar de normalmente não serem conscientes. A verdade devastadora jorra deles como a lava do Vesúvio e eles simplesmente a deixam jorrar. As explosões desse subtipo são tão venenosas que sempre conseguem arrasar com a pessoa ou tocar no seu ponto de maior vulnerabilidade.

Além desses, existem os Exaltados que são chorões e reclamões. Qualquer coisa que você diga fere os sentimentos deles e eles vão deixar isso bem claro, bem na sua frente. Talvez derramem algumas lágrimas para fazer com que você sinta pena deles, mas na maioria das vezes serão soluços bem ruidosos para fazer com que você se sinta obrigado a tomar conta deles — você fez algo imperdoável e que Deus lhe acuda agora, porque é responsabilidade sua encontrar um jeito de fazê-los parar de chorar.

Por fim, existem os Exaltados do tipo que quebram louça. Eles acham que só demonstram o que estão sentindo quando quebram alguma louça, transformando-a em cacos, atirando-a em você ou vendo-a se espatifar do outro lado da sala. Só assim você consegue "captar" o quanto eles ficaram ressentidos com o que aconteceu, com o que você fez ou deixou de fazer. Como os atiradores de lança de antigamente, eles atingem o seu alvo colocando algum objeto em órbita para você saber que cruzou alguma linha invisível.

3. Os Exaltados acreditam que só os sentimentos importam.

Na verdade, você pode identificar um Exaltado, ou uma pessoa exagerada emocionalmente, pelas frases que ele costuma usar, como as seguintes: "Bem, é exatamente assim que eu me sinto" ou, "*Você* não sente nada com respeito ao que acabou de acontecer?" "Você não sabe o que é sentir".

Os Exaltados não têm consciência disso, mas são esses momentos inflamados que os fazem viver. Como vivem dos sentimentos, eles só ficam felizes quando as emoções estão presentes e, de preferência, em abundância.

Para o Exaltado, a emoção em estado bruto é seu veículo de interação. Ele adora expressar sua paixão, seu medo, sua raiva e até mesmo seu entusiasmo de maneira muito intensa. E suspeita das pessoas que não sentem com a mesma intensidade e as condena por isso.

4. Os Exaltados adoram fazer drama.

Como o feijão com arroz que alimenta o Exaltado é a experiência intensa das emoções, ele não sabe o que fazer da vida se o dia está calmo e bonito. Por isso, se não está acontecendo nada, inconscientemente ele faz tudo para chegar ao extremo de provocar um drama. A vida só fica interessante se ele puder sentir que algo está realmente acontecendo. Costumo chamar esse conflito criado ou provocado de "confronto apaixonado".

O que quero dizer com isso é que, ao colocar uma questão em termos emocionais – "O que você está pretendendo dizer quando afirma que não é nada demais estarmos com um débito de dois dólares?" – o Exaltado cria um drama de tal envergadura que acaba, naturalmente, provocando uma reação de mágoa, exasperada ou intensa do outro. Quando esse confronto atinge seu clímax, ele conseguiu criar o nível emocional de confronto que lhe é familiar. É só quando atinge esse nível de intensidade emocional que ele consegue sentir-se ligado ao parceiro.

5. O Exaltado adora perder o controle.

Como, para o Exaltado, só os sentimentos contam e como eles são contrários à razão, a falta de controle é um terreno fértil para ele. Uma complacência tranquila ou um desenrolar pacífico da relação é para ele entediante, desinteressante ou até mesmo irreal. Na realidade, para ele o natural ou normal é estar tudo fora do controle. É comum ele nem prestar atenção ao que a outra pessoa está dizendo caso eles estejam simplesmente falando num tom de voz normal. É só quando estão aos gritos que ele consegue sentir que estão "apenas tendo uma conversa". Posteriormente, como se tivesse tido um lapso de memória, ele diz que estava simplesmente "expressando o que estava sentindo". Essa perda do controle mediante o extravasamento dos sentimentos lhe é tão familiar que ele não consegue encará-la como algo fora do comum, mas simplesmente como uma forma normal e apropriada de expressar suas emoções.

Por que amamos as pessoas do tipo Exaltado

Os Exaltados são excitantes e volúveis. Eles nos mostram o quanto a vida é rica em sensações e que a intensidade emocional é uma das experiências mais gratificantes que ela nos proporciona. Por sentirem tanto com respeito a coisas simples e até mesmo aparentemente sem importância, eles nos dão uma idéia do quanto a vida é surpreendente, complexa e intricada, da beleza das emoções e da profundidade dos sentimentos. Eles nos ensinam que a riqueza emocional é um de nossos maiores recursos interiores.

As pessoas que reprimiram seus sentimentos, que não têm acesso a eles, ou que nunca puderam desenvolver um meio saudável de expressar suas emoções, costumam sentir atração pelos Exaltados. Isso porque os Exaltados histéricos expressam seus sentimentos de maneira tão exagerada que o mundo dos sentimentos torna-se visível e real, comumente pela primeira vez, para aqueles que sempre evitaram suas emoções. Além disso, o grande mérito das pessoas desse tipo é que elas costumam ser a parte encarregada de expressar as emoções de ambas as partes numa relação. Como muitas vezes respondem também pelas emoções do outro, elas acabam tendo de berrar mais alto e com mais freqüência do que teriam se cada um fizesse a sua parte.

O Exaltado é excelente companhia para elevar o astral e, por isso, atrai as pessoas deprimidas ou letárgicas. Sua presença é um ótimo antídoto para os tipos desvitalizados ou de sentimentos menos intensos.

Por que o Exaltado nos irrita

O Exaltado é um vulcão de sentimentos que pode entrar em erupção a qualquer momento. Podemos sempre contar com ele para *sentir* algo *e* sentir intensamente. Além disso, como seus sentimentos são tão intensos, ele sempre quer "elaborar tudo" para aliviar a pressão que eles exercem dentro dele. Normalmente isso faz com que ele esteja sempre disposto a contar exatamente como as coisas lhe fazem mal, querendo com isso que o outro se defenda, entenda o quanto sua situação é difícil e lhe peça perdão.

Ele torna-se cansativo, por dificultar e complicar a relação, além de tornar a vida compartimentada e fragmentada. E com isso ele chega, às vezes, a nos assustar. Muitas vezes é assustador estar na presença de alguém com emoções tão intensas, especialmente quando elas são dirigidas a nós. Ficamos sem saber o que fazer. Nós nos sentimos deslocados do nosso eixo. E impotentes. Ser exposto a emoções tão intensas requer muita energia. E o Exaltado nos deixa esgotados porque não gostamos de viver nesses extremos. Não gostamos de viver sempre com uma chama tão alta que não deixa o caldeirão parar de ferver.

O Exaltado consegue fazer com que até mesmo a pessoa mais plácida, equilibrada e bem-intencionada se transforme num verdadeiro furacão por minutos, horas ou por toda a vida, pelo grau de intensidade com que insistem em levá-las para o plano emocional. Isso pode fazer com que a maioria dos outros tipos queiram fugir para algum esconderijo.

O que realmente acontece com o Exaltado

Em geral, a pessoa do tipo Exaltado cresceu num ambiente em que sempre havia alguma forma de histeria e, em conseqüência disso, a expressão exagerada de sentimentos exagerados passou a ser a única forma que ele conhece de demonstrar amor. Só quando as emoções atingem seu ponto culminante e são todas colocadas para fora é que a pessoa desse tipo acredita que está realmente envolvida numa relação com outra. Qualquer coisa que não seja esse confronto apaixonado lhe parece insípido. E assim, independentemente de a situação estar calma ou exigindo uma reação forte, o Exaltado tende a fazer tudo para levar a relação a esse nível de confronto apaixonado. É só então, quando ele finalmente conseguiu levar o outro para um nível de intensidade que, para nós, parece longe do normal, o Exaltado fica feliz. Ele sente que finalmente conseguiu estabelecer contato com a outra pessoa, já que, para ele, a única forma verdadeira e apropriada de relacionar-se é por meio do confronto apaixonado.

Como exemplo desse tipo, temos Paul, acusado por muitos de seus melhores amigos de ser o homem mais exaltado do planeta. Paul cresceu numa família de doze filhos, cujo pai alcoólatra vivia extenuado pelo trabalho e acossado pelas dívidas e pela responsabilidade de ter uma família tão numerosa. Noite após noite, ele voltava para casa embriagado e, por capricho ou por ordem da mulher, costumava bater nos filhos. Se algum dos filhos era ou não "merecedor da surra" não importava, o fato é que todos eles viviam aterrorizados com a chegada em casa daquele monstro furioso que iria aniquilá-los. Não havia nenhum dia de paz e tranqüilidade na casa de Paul. E não havia nenhuma constância fora a das bebedeiras habituais do pai que, só para não perder o costume, batia em um dos filhos sempre que atingia seu limite de embriaguez.

Sheryl também foi criada numa família com explosões histéricas, embora não tão óbvias quanto as de um pai alcoólatra que bate regularmente nos filhos. A mãe dela tinha uma preocupação tão excessiva com a limpeza do corpo que costumava deixar todo mundo em pânico. Tinha uma verdadeira aversão a micróbios. Antes de as crianças irem a alguma festa na casa de colegas de escola, ela exigia que toda a roupa de baixo ficasse mergulhada em *Clorox* por dois ou três dias para "protegê-las dos micróbios estranhos". Qualquer picada de inseto, arranhão, joelho esfolado ou dor de ouvido que ela própria ou um dos filhos sofresse, ela costumava prever o pior e anunciar que seria o primeiro incidente na história humana em que uma unha encravada levaria à morte.

Para a mãe de Sheryl, tudo era motivo de alvoroço. Por menor que fosse a lesão ou o machucado, ela nunca se cansava de se preocupar com os filhos nem de fazê-los sentir que a catástrofe era algo tão comum que esse era o único modo normal de reagir.

Hoje, tanto Paul quanto Sheryl são — adivinhe! — Exaltados nas suas relações. Mesmo não expressando a histeria da mesma maneira que os pais — Paul é do tipo que levanta a voz e Sheryl do tipo que quebra louça — ambos têm pavio curto e podem facilmente elevar a voz a decibéis que fazem a vizinhança estremecer.

A ferida emocional desse tipo é a experiência de caos emocional, e a reação dele é o medo consciente ou inconsciente. Assim como Paul e Sheryl, a maioria dos Exaltados cresceu em ambientes em que era constantemente aterrorizada e, nessa situação, portanto, *o medo era a reação emocional correta e apropriada.* Pela experiência vivida na infância, o medo não é algo que se sente diante de alguma situação específica que ocorre de vez em quando, mas resultado de um permanente estado de pânico diante de uma mãe esquizofrênica, um tio que comete abuso sexual, uma família emocionalmente em pé de guerra, para nomear apenas algumas das situações aterrorizantes que fazem dessas crianças adultos do tipo Exaltado. Esse estado de pânico constante não é natural e o corpo humano responde a esse eterno sentimento de medo vivendo em estado de alerta para reagir pelo combate ou pela fuga.

Isso quer dizer que, desde pequeno, o Exaltado está sempre preparado ou para fugir ou para combater (esbravejar, xingar, lançar coisas contra a parede) o que quer que ameace sua sobrevivência. Como ele viveu nesse estado durante toda a infância, suas reações tornaram-se parte dele. É lamentável, mas essa luta ferrenha pela sobrevivência é a única parte consistente de sua experiência de vida. Ele viveu por tanto tempo em estado de pânico que realmente não sabe o que fazer fora dele. Tudo o que acontece, por menos importante que seja, é visto pelos olhos desse medo terrível e da necessidade de lutar pela sobrevivência.

Em conseqüência disso, a tragédia dele é ser privado do poder terapêutico da calmaria. Ele jamais teve o privilégio de descobrir que as alternâncias entre a calma e a profundidade, a contenção e a explosão das emoções, podem ser tão importantes numa relação quanto a expressão dos sentimentos. Em suma, o Exaltado não consegue perceber a diferença entre uma campina coberta de margaridas e uma estrondosa avalanche. Enquanto blocos de gelo não rolarem encosta abaixo, soterrando pessoas por todos os lados, ele acha que não está acontecendo nada. De maneira que, por baixo de suas emoções exacerbadas, o que o Exaltado sente é um profundo anseio por segurança e paz.

O que diferencia o Exaltado de todos os outros tipos

Enquanto para todos os outros tipos a expressão de emoções intensas é uma faceta importante do repertório de emoções, no tipo Exaltado, ela é levada ao extremo. Para ele, todas as situações devem ser enfrentadas com emoções intensas e ele não consegue, portanto, distinguir uma situação que exija uma reação emocional intensa de uma em que seria mais conveniente contê-la ou reservá-la para ocasiões mais propícias.

Todos nós temos dentro de nós poços de sentimentos profundos e experiências intensas de perda, dor, entusiasmo e alegria que podem abrir nossos reservatórios de emoções e trazer à tona sentimentos de grande intensidade. Entretanto, as pessoas normais e satisfeitas em seus relacionamentos costumam ser suficientemente sensatas para saber quando é prudente expressá-las, enquanto os Exaltados têm pouco ou nenhum bom senso.

Mas o Exaltado não vê sua intensidade como sendo "intensa". Como ele passou a infância num verdadeiro hospício, real ou metafórico, por mais que tenha de gritar para alcançar seu objetivo, ele sempre acabará dizendo que estava simplesmente "expressando seus sentimentos".

O que o Exaltado tem para nos ensinar

Vivemos num mundo que, paradoxalmente, tanto superestima quanto subestima as emoções. Assistimos a uma dúzia de assassinatos por dia pela televisão e não sentimos nada, embora o motivo original que leva a mídia a expor tais fatos seja exatamente mexer com nossas emoções. Por estar quase sempre vivendo em extremos emocionais, o Exaltado desperta a nossa consciência para os níveis positivos e negativos de nossos sentimentos. Ele desperta a nossa capacidade de discernimento. Obervando-o, se decidimos fazer isso, podemos formar uma opinião sobre o uso apropriado e inapropriado das emoções, em nossos relacionamentos e em nossa cultura.

O Exaltado também nos ensina a ver o lado positivo das emoções intensas. Por estar em contato com suas emoções, ele nos faz lembrar que todos nós temos uma essência emocional e que existem coisas que deveriam ser sentidas intensamente. Enquanto não fizermos a nossa parte, os Exaltados continuarão vivendo as emoções por todos nós.

O que o Exaltado precisa aprender sobre os relacionamentos

O desafio do Exaltado é descobrir que existem outras formas, não apenas de amar, mas também de expressar emoções. Que as águas calmas também podem ser profundas. Que se pode sentir intensamente sem fazer drama e que, às vezes, as emoções sutis tocam mais profundamente o coração do que uma colisão de carros correndo nas pistas de um autódromo.

O Exaltado precisa aprender que uma relação é feita de alguns momentos de intensidade e outros de calmaria. Que nos períodos tranqüilos do relacionamento estamos ganhando profundidade simplesmente pela troca de experiências e pelo convívio, descobrindo o jeito um do outro e desfrutando a jornada de vida que compartilhamos. Uma caminhada na praia, as expressões encantadoras de nossos filhos, nossos amigos e vida social, filmes, notícias, as condições do tempo, o salmão que você acabou de grelhar para o jantar — todas essas coisas são notas silenciosas que compõem a sinfonia do amor. Elas são pontuadas pelos momentos mais dramáticos e pelos sentimentos expressos com mais intensidade que causam fortes ressonâncias no ritmo tranqüilo de nossas relações.

E, embora o Exaltado tenha muito para nos ensinar com respeito à profundidade e complexidade de nossas emoções, o quanto nossos sentimentos são profundos e importantes, a ironia está no fato de ele mesmo ter muito para aprender sobre as emoções. Por exemplo, como moderá-las e como expressá-las apropriadamente. Em suma, ele precisa aprender que nem toda falta cometida pelo parceiro tem de virar um caso federal.

Em outras palavras, o Exaltado precisa aprender que o amor é tanto um processo interior quanto exterior, que podemos sentir intensamente dentro de nós, mas que nem tudo o que sentimos tem de ser colocado para fora. À medida que desenvolve a capacidade de conter e controlar seus sentimentos, o Exaltado descobre que os sentimentos não expressos podem mudá-lo interiormente e fazer com que ele veja a relação de maneira mais tranqüila e prazerosa.

O Exaltado precisa aprender essencialmente que o presente não é o passado e que, muito provavelmente, ele não está sofrendo nenhuma ameaça por parte da pessoa com quem tem um relacionamento hoje. Quanto mais ele conseguir reconhecer seu medo como um resquício do passado, mais ele será capaz de livrar-se dele e acreditar que, por mais fortes que sejam seus sentimentos com relação aos acontecimentos do momento, esses podem ser enfrentados com calma e tranqüilidade.

O que o Exaltado pode fazer para ter equilíbrio

1. Identificar a forma de histeria no lar em que foi criado e tentar escrever sobre como se sentia quando criança.

Você sentia pânico? Tudo parecia exagero? Houve casos em que você procurou ou chegou a acreditar que a pessoa que estava agindo mal poderia ter optado por agir de outra forma?

Ao viver esse processo de recordações, tenha compaixão por você mesmo. Lembre-se da criança apavorada, acossada, cercada, com a respiração ora presa e ora acelerada, da instabilidade e das reações exageradas, e procure sentir como você gostaria que seus pais tivessem enfrentado as situações que os deixavam histéricos.

Procure descobrir, por mais difícil que seja, de que maneira sua própria histeria reproduz às vezes a de seus pais. Eles costumavam berrar e você costuma berrar? Costumavam quebrar louça e você faz isso nos seus piores momentos? Você eleva a voz e assusta as pessoas, deixando-as fora de si, para chegar aonde você quer, da mesma maneira que seu pai ou sua mãe costumava fazer?

Ao constatar compassivamente essa semelhança, você estará criando a possibilidade de mudar, especialmente ao lembrar que a criança sabia que devia existir um outro modo de enfrentar as situações.

2. Respirar ou meditar.

Qualquer exercício de meditação ou de respiração consciente é extremamente benéfico para as pessoas que são emocionalmente exageradas. Esse modo de focalizar a energia não apenas a faz circular por todo o corpo, mas também dá uma oportunidade diária para a pessoa perceber o quanto é bom estar calma e tranqüila. Em vez de reagir emocionalmente a todo pensamento que surge, você pode descobrir que muitos pensamentos e percepções emocionalmente inconstantes nos estados normais de consciência podem ser simplesmente observados em estado de meditação.

Essa prática simples, de vinte minutos, uma ou duas vezes por dia, pode ajudá-lo a desenvolver a consciência de uma outra realidade. Quando você descobre que existe, na verdade, outra maneira de lidar com suas emoções, você torna-se capaz de livrar, tanto a si mesmo quanto as pessoas que ama, das explosões descontroladas que acabam criando dificuldades em seus relacionamentos, destruindo a intimidade e causando constrangimentos para você mesmo.

3. Parar para se perguntar: Do que, na realidade, tenho medo?

Como o medo é a emoção que move o Exaltado, quando alguma coisa está provocando em você um ataque de histeria — digamos que sua mulher não tenha lhe dado muita atenção ultimamente — pergunte-se: Na realidade, do que tenho medo? Quando você reconhecer seu verdadeiro medo — por exemplo, de que sua mulher não o ame mais — poderá então ter uma conversa consigo mesmo (e com ela) sobre o problema em questão. Seu medo tem fundamento? Ou estará acontecendo alguma outra coisa? Quanto mais você reconhecer o verdadeiro medo subjacente, menor será sua necessidade de despejar todas as emoções na pessoa que ama.

Se você achar que é muito difícil fazer isso sozinho, peça ao seu parceiro para lhe fazer a pergunta: "Do que você tem realmente medo?" Uma Exaltada que conheço, casada com um Sonhador, pede a ele que lhe faça essa pergunta toda vez que sente que está ficando contrariada. Essa prática opera milagres no sentido de libertá-la do medo e trazê-la de volta para a realidade.

4. Perguntar ao outro o que está acontecendo.

Depois de ter conseguido se acostumar um pouco com a calmaria, você poderá acrescentar outro comportamento que lhe será benéfico. O Exaltado tem reações bioquímicas a qualquer coisa que mexa com suas emoções. A meditação, como já disse, é importante porque ajuda você a perceber do que tem medo. Outra técnica é a seguinte: em vez de imediatamente reagir e imaginar o pior, utilize a técnica comprovada que consiste em simplesmente perguntar ao outro o que está acontecendo. A comida do cachorro continua intacta na tigela porque você mandou sacrificá-lo esta tarde ou há algum outro motivo que eu não conheça? Você me deixou na mão porque é um monstro mal-agradecido ou porque um pneu de seu carro furou quando estava vindo para cá? Perguntar é uma maneira muito eficaz de resolver problemas emocionais.

Quanto mais você consegue descobrir calmamente o que aconteceu com o outro — ela estava pretendendo fazer isso amanhã, foi um caso especial que nunca mais voltará a acontecer, ele se atrasou porque parou para comprar flores para você —, mais você será capaz de perceber que, seja lá o que for, nada justifica uma explosão.

5. Parar de transformar Oito em Oitenta.

Um Exaltado conhecido meu costumava praticar o que chamo de "transformar oito em oitenta". O que quero dizer com isso é que numa escala de 1 a 100, se uma dificuldade ou uma afronta pessoal feita por um amigo ou parceiro valesse na realidade 8 pontos nessa escala — ele se atrasou alguns minutos e esqueceu-se de telefonar, esqueceu-se do pão quando fez as compras, não colocou no correio a carta que deveria ser enviada naquela noite, mas lembrou-se de enviá-la na manhã seguinte — Harvey lhe atribuiria 80. Ou seja, de cada uma dessas pequenas faltas, ele fazia uma questão de vida ou morte, como se na realidade a infração valesse 80 pontos na escala de 1 a 100.

Introduzir o realismo no vocabulário emocional de um Exaltado implica saber que muitas coisas que acontecem nos relacionamentos, de fato a maioria delas, valem 3, 5, 10, 11 ou 15 pontos. A maioria delas não vale 80, senão nem chegaríamos a ter um relacionamento com essas pessoas. Não valeria a pena ter uma relação que merecesse sempre 80 pontos.

Portanto, pare de transformar 8 em 80 e pergunte-se, quando algo o incomodar, até que ponto a falha do parceiro é realmente grave e qual seria, portanto, a reação emocional apropriada.

6. Dispor-se a viver na calmaria.

Como já disse, os Exaltados estão tão acostumados com a histeria que chegam a confundi-la com a realidade. Exatamente como um rato poderia dizer que a lua é um queijo gorgonzola ou um cachorrinho, que o mundo é um grande depósito de ossos para cachorro, o Exaltado diria que o mundo inteiro é histérico — que tudo sempre encontra-se num estado um pouco caótico de sublevação que exige uma resposta emocional à altura.

Para reduzir essa histeria, você terá de estar disposto a viver na calmaria. E para isso, terá de encontrar outras satisfações que não sejam as emoções fortes. Tenha você consciência disso ou não, a intensidade emocional gera de fato uma corrente elétrica no corpo que atua como um estado levemente alterado. Pois libera endorfinas. É por isso que depois de ter despejado uma torrente de emoções, com a qual conseguiu destroçar o coração ou a massa cinzenta de seus amigos e do parceiro (deixando-os sem saber se algum dia vão querer entrar de novo naquele restaurante em que você fez um escândalo por causa do serviço ruim), *você* se sente melhor. Mas existem outros modos de lidar com os problemas.

Antes de tudo, procure encontrar outras satisfações na vida. Descubra um passatempo. Faça algo que obrigue você a concentrar sua atenção em algo criativo, para que a energia de suas emoções possa ser orientada para algo que lhe trará algum resultado produtivo específico, em vez de dispersá-la em explosões emocionais descontroladas.

Sean, um decorador excessivamente exaltado e que está sempre perdendo as estribeiras com as namoradas, descobriu com mais de 40 anos que tinha um talento incipiente como pintor. Quando começou a pintar, ele não apenas diminuiu sua frustração com o seu trabalho profissional, mas também descobriu que a atenção que seu trabalho criativo exigia acabou dissipando sua histeria. Quanto mais ele pintava, mais capacidade tinha de controlar as emoções e, com o passar do tempo, ele foi se tornando capaz de expressá-las de maneira mais apropriada em todos os seus relacionamentos.

Os Exaltados têm uma grande quantidade de energia que precisa ser canalizada. Descubra um passatempo, uma forma de exercício físico ou uma atividade criativa para canalizar essa energia e trazer equilíbrio emocional para a sua vida.

7. Flagrar-se no ato e desculpar-se.

É claro que ninguém é perfeito, nem você. E, se fosse, seria entediante. Além disso, como eu já disse, precisamos dos Exaltados para nos manter em contato com nossas próprias emoções. Mas, da próxima vez que você se exceder e levar as coisas ao extremo, poderá dar um passo atrás e pedir desculpas.

Podemos, às vezes, ficar tão constrangidos inconscientemente por nossas atitudes histéricas que, em vez de pedirmos desculpas, nos esquivamos furtivamente para um canto, como o cachorro que sujou o carpete da sala e procura fingir que não sabe de nada. Em vez de ousar emendar-se, o Exaltado tende a desaparecer ou mudar de assunto, como por exemplo falar do tempo: "Você sabe que continua chovendo?" "Chiii, está frio lá fora".

Você pode começar a mudar se, a cada vez que tomar consciência de seu comportamento, ousar pedir desculpas. Isso lhe trará calma e bem-estar e lhe ajudará a perceber a diferença entre uma resposta emocional imprópria e uma emoção apropriada e digna de expressão.

Um pedido de desculpas por si só não acaba com o comportamento embaraçoso, mas paulatinamente vai ajudar você a distinguir uma resposta emocionalmente apropriada de uma atitude histérica. O pedido de desculpas vai permitir que você se veja como uma pessoa capaz de controlar suas emoções, torná-las mais apropriadas à situação e sentir-se menos complicado no amor.

Meditação para o Exaltado

Não preciso mais sentir medo. Meu medo costumava ser devastador, mas as coisas que me apavoravam pertencem ao passado. Não preciso berrar. Mesmo sussurrando eu posso ser ouvido, se digo o que penso com calma. O amor é o contrário do medo; quanto mais eu consigo me livrar do medo, mais sou capaz de amar e ser amado.

Afirmações para ter equilíbrio

Não preciso me alterar por qualquer coisa.
Em cem anos, que diferença isso fará?
Estou pronto para abrir mão de todo esse medo.

O SANGUE DE BARATA

"O quê, eu, preocupado?"

O Sangue de Barata é o tipo calmo, estável, otimista e "equilibrado" do espectro de personalidades. Todos se sentem confiantes na presença dele, porque ele está convencido de que quase tudo vai dar certo — pelo menos enquanto ninguém o perturbar com problemas. Ele é em geral tranqüilo, amável e alegre (até que você exponha seus sentimentos, pois ele pode ir a extremos para afastar-se ou impedir que você expresse suas emoções, especialmente se forem de tristeza e medo).

O Sangue de Barata costuma ser metódico e mais lento do que os outros tipos. É por isso que ele nunca é atropelado ou surpreendido pelas emoções. Enquanto o Exaltado pode disparar feito um foguete e levar você junto, quando você nega as emoções, o Sangue de Barata tende a achar que tudo se encaixa num padrão bem ordenado e num mundo bastante seguro. Como isso é verdadeiro para ele, ele acredita que você também não tem de se preocupar, ou, se surgir um problema, você poderá simplesmente "resolvê-lo".

Ed e a mulher Lorna estavam passando férias na Itália quando ouviram pelo noticiário que havia ocorrido um terremoto na cidade em que moravam. Sessenta pessoas tinham morrido. Como eles tinham deixado as filhas de 9 e 10 anos com amigos que moravam perto do epicentro do terremoto, Lorna com razão ficou preocupada.

Quando ela insistiu com Ted para que telefonasse para a casa dos amigos (enquanto as linhas estavam permanentemente ocupadas), ele não levou em conta a preocupação dela. "Estatisticamente, quais são as chances de nossas filhas estarem entre as sessenta pessoas mortas?", ele perguntou.

Desapontada com o pouco caso dele, Lorna insistiu até que finalmente, dois dias depois, ela conseguiu fazer a ligação e saber que, apesar de ter havido alguns danos nas redondezas, as meninas estavam bem. "Não foi o que eu disse?", foi a resposta de Ed. "Poderíamos ter economizado o gasto com essa chamada internacional e saído para jantar fora."

Como todos que negam as emoções, Ed vê quase tudo na vida de um ponto de vista prático. Razão, lógica e probabilidade são as ferramentas do Sangue de Barata. Na verdade, a maioria deles navega pela vida unicamente por meio da lógica e suspeita dos sentimentos das outras pessoas justamente por não serem lógicos. Os outros tipos de personalidade, em particular o Exaltado e o Abnegado, são atraídos para o Sangue de Barata por sua estabilidade que equilibra os altos e baixos de sua vida emocional mais intensa.

Pode-se esperar do Sangue de Barata que se mantenha calmo diante de uma tempestade, que seja a voz da razão, e que, qualquer que seja o seu problema, ele provavelmente terá um conselho prático para lhe oferecer.

Sinais reveladores do tipo Sangue de Barata

- É calmo e sereno, especialmente em situações de crise.
- Atrai os outros por ser mostrar calmo e imperturbável.
- "Nunca" chora.
- Discute quando os outros insinuam que ele deveria estar sentindo algo.

- Quase sempre baseia suas decisões nos fatos ou na lógica.
- Quer estar no controle.
- Está convencido de que as experiências que teve na infância não têm nada a ver com o que ele é atualmente.
- Os outros dizem que ele é desligado, distante, retraído ou simplesmente prático demais.

Um olhar mais atento: características típicas do Sangue de Barata

1. O Sangue de Barata não acredita na realidade dos sentimentos.

O Sangue de Barata não percebe que a vida, além do trabalho, do lazer, do dinheiro, do nascer do sol e da luz do luar, é também feita de sentimentos. Para ele, é como se o mundo das emoções fosse algo que alguém inventou e no qual ele entra com muita relutância. De vez em quando alguém confronta o Sangue de Barata com emoções fortes, algo com que ele tem dificuldade para lidar e, por isso, evita o máximo possível. É como se o mundo das emoções não fizesse parte de seu repertório.

Por não se sentir à vontade com os sentimentos, ele também reluta em reconhecer que os acontecimentos do passado possam ter influenciado emocionalmente o que ele é hoje. "Infância? Isso foi há muito tempo", pode ser a resposta de um Sangue de Barata ao parceiro, cônjuge ou terapeuta que ouse sugerir que aquelas surras que ele levou quando pequeno podem ter tido alguma influência sobre seu comportamento atual.

O Sangue de Barata não percebe que há um fio Exaltado constante em cada um de nós, que vai da infância até a vida adulta e que se manifesta especialmente em nossas relações íntimas. "O que isso tem demais?" será sua resposta à pessoa ferida em seus sentimentos por ter sofrido a humilhação de um colega ou pelo comentário maldoso do melhor amigo sobre seu novo namoro. "Vive-se apenas uma vez; não complique as coisas."

Para o Sangue de Barata, o copo está sempre pela metade, mesmo que, no fundo, ele esteja vazando como uma peneira ou seja apenas do tamanho de um dedal. Basicamente, o Sangue de Barata não acredita na existência do mundo das emoções e costuma precisar de uma grande comoção para acabar descobrindo com espanto todo o seu potencial para transformar a vida.

Muitas pessoas tipo Sangue de Barata despertam pela primeira vez para as suas emoções quando acontece uma separação inesperada, um catalisador que as arrasta contra a vontade para dentro do mundo de seus próprios sentimentos. É interessante notar que são justamente as catástrofes, que para o Exaltado estão sempre prestes a acontecer, os verdadeiros motivos que fazem o Sangue de Barata despertar. Por sentir aversão às emoções, o Sangue de Barata preferiria qualquer outra coisa a ter de lidar com elas.

2. O Sangue de Barata nega os sentimentos — tanto os dele quanto os dos outros.

Em termos psicológicos, o problema do Sangue de Barata está na negação e na sublimação. *Sublimação* é o termo usado pelos psicólogos para explicar como, no nível subconsciente, nós transformamos nossas energias emocionais no estado bruto em comportamentos mais aceitáveis socialmente. Por exemplo, a menina que tem vontade de chorar e espernear porque o pai esteve ausente por onze anos trabalhando nos campos de petróleo da Arábia Saudita, mas em vez disso mergulha nos estudos e torna-se a melhor da classe, está "sublimando" a dor causada pela ausência do progenitor. Também o menino que conta como a mãe sempre manteve a casa em ordem está "sublimando" a dor por não ter tido o colo dela porque ela estava sempre ocupada com a limpeza da casa. É por meio da sublimação que o Sangue de Barata recalca as suas emoções.

Como, conscientemente, o Sangue de Barata não acredita na existência do mundo das emoções, quando elas vêm à tona — trazidas pela perda do emprego, pela morte do pai, pela ameaça de ser abandonado pelo cônjuge —, ele simplesmente nega a realidade de seus sentimentos em todas essas situações. "Ah, não é nada demais. Estamos apenas tendo uma briga feia. Vai passar. É a TPM (tensão pré-menstrual)" ou "É melhor deixar para lá. Tenho mais o que fazer". Ou ainda "Não sei por que isso o perturba tanto. Todos morrem. Isso faz parte da vida. Por que eu deveria ficar triste?"

O Sangue de Barata não só nega os sentimentos, mas também promove campanhas sutis (e às vezes nem tão sutis) para negar a todos os outros o direito de sentir. Por exemplo, Laurel tinha planejado umas férias, das quais estava extremamente necessitada. Seu trabalho como professora primária exigia muito dela e ela andava exausta porque o pai idoso sofria do mal de Alzheimer e, além de lecionar, ela passava grande parte do tempo cuidando dele. Depois de ter negociado com o namorado com quem morava, Jeff, uma viagem a Bali, ela aguardava ansiosamente a oportunidade de se refazer.

Enquanto ela fazia as malas às pressas, o pai teve um problema que exigiu atenção extra e, quando finalmente conseguiu chegar ao aeroporto, a cerca de quinze quilômetros de casa, ela descobriu que deixara seu passaporte em casa. Chorando de raiva de si mesma, ela voltou para casa e entrou pela porta da sala onde Jeff, um típico Sangue de Barata, estava assistindo a uma partida de futebol pela televisão. Quando ela contou aos prantos o que havia acontecido, Jeff simplesmente respondeu: "Não fique tão chateada. Não é nada demais". E quando ela protestou, queixosa, "Mas eu perdi um dia inteiro das minhas férias", ele disse, "Isso também não é nada demais. Você pode ir amanhã". Em lugar de compreender os sentimentos de Laurel, Jeff os desconsiderou e praticamente a fez se sentir uma tola por ter ficado tão chateada.

O Sangue de Barata é famoso por suas tentativas de reduzir as emoções ao mínimo, sempre alerta para que nada tão violento e confuso quanto a emoção possa destruir a suposta calma de seus relacionamentos – ou de sua própria vida.

3. O Sangue de Barata é prático e toma suas decisões com base na lógica.

O Sangue de Barata tem seu foco na mente. Como vive num mundo que exclui os sentimentos, ele costuma tomar todas as decisões, até mesmo as referentes a assuntos sentimentais, com base na lógica ou na inteligência. O Sangue de Barata é extremamente minucioso e costuma examinar questões de cunho emocional, como por exemplo se deve se casar com certa pessoa ou ter um filho, como se estivesse escrevendo uma tese de doutorado ou um relatório sobre consumo. Em vez de levar em conta seus sentimentos, ele está certo de que os resultados de sua pesquisa darão a base apropriada para tomar uma decisão.

Uma jovem advogada conhecida minha, sempre aborrecida e um pouco irritada com as eternas incursões emocionais da mãe, costumava dizer-lhe sem rodeios, "O que há de tão complicado em se tomar uma decisão? Examine simplesmente os fatos e então decida-se!" No seu empenho para ajudá-la, a filha chegava a coletar dados. "Esse é mais barato do que aquele, então por que não comprá-lo?", ela sugeria. Como a mãe nunca conseguia tomar uma decisão baseada unicamente nos fatos, a filha ficava frustrada e acabava desistindo. Posteriormente, ela ficava surpresa quando via a sua mãe tomar uma decisão sem "absolutamente nenhuma base", na visão dela.

Um jovem e bem-sucedido empresário, disposto a comprar sua primeira casa, passou um ano e meio vendo propriedades em todas as regiões possíveis. Quando os amigos lhe perguntavam por que essa procura tinha de ser tão maçante e demorada, ele costumava responder: "Tenho de examinar todas as possibilidades". Ele não levava em consideração o fato de algumas regiões e casas lhe parecerem mais agradáveis do que outras. Tendo analisado todas as propriedades unicamente do ponto de vista financeiro, ele concluiu que uma casa a certa distância da cidade seria o "melhor investimento". Satisfeito com sua busca, ele a comprou. Em dois meses, no entanto, ele descobriu que todos os aspectos da casa que o afetavam emocionalmente (e que lhe eram desconhecidos) tinham muito mais importância do que ele jamais pudera imaginar. A casa era longe demais da cidade, ficava num vale sombrio onde jamais se podia ver a luz do sol e tudo o que ele gostava de fazer estava agora a quarenta minutos de distância. Em dois meses, ele colocou-a à venda e conseguiu livrar-se dela. E acabou se convencendo de que simplesmente não se sentia bem ali. Por basear sua decisão unicamente na lógica, ele perdeu trinta mil dólares.

Laurie, uma jovem administradora hospitalar, vivia mudando de cidade, sempre em busca de um salário mais alto. Toda vez que se mudava, deixava para trás um namorado. Ela fazia isso porque "o mais importante" para ela era sua carreira. O pai dela nunca havia ganho o bastante, mas ela estava disposta a ter sucesso. O dinheiro sempre fora um ponto de atrito na relação dos pais e ela não queria repetir o padrão estabelecido por eles.

Sem perceber que sua ambição era motivada pelas emoções (evitar os erros dos pais), Laurie continuou acreditando que suas decisões eram sempre baseadas unicamente no dinheiro e que a realidade objetiva das finanças era a única que lhe importava. É interessante notar que, como ela estava sempre correndo atrás de mais dinheiro, em lugar de um casamento perturbado por insatisfações financeiras, ela ficou absolutamente sozinha.

4. O Sangue de Barata não leva em conta que suas atitudes no relacionamento afetam seu parceiro emocionalmente.

Brent, que tinha uma relação de mais de dois anos com Liz, não conseguia entender por que ela ficava furiosa quando ele decidia viajar com seus dois colegas de trabalho, sem consultá-la. Numa sexta-feira, durante um jantar romântico, ele simplesmente comunicou que faria com Scott e Tom uma viagem de duas semanas a Yosemite.

Quando Liz protestou, ele respondeu com uma longa lista de motivos que justificavam a necessidade que ele tinha de tirar férias. Ele não levou em consideração o fato de que eles estavam namorando havia dois anos e que talvez ela quisesse sair de férias com ele. Foi só quando ela, enfurecida, ameaçou terminar a relação que ele acordou para o fato de que suas atitudes podiam ter efeito sobre os sentimentos dela.

Dennis, um *web designer* bem-sucedido, tinha por hábito atrasar-se ao voltar para casa depois do trabalho. Sempre havia um motivo. De quarenta e cinco minutos a duas horas depois do esperado, ele chegava saltitante e todo sorridente abraçando Lisa, que, por sua vez, estava sempre irritada. "Por que você está tão brava?", ele perguntava, como se a reação dela fosse descabida. Quando ela explicava por que estava irritada, assustada ou furiosa, ele se defendia. "Já estou em casa", ele dizia. "Qual é o problema?" E se ela continuava tentando explicar a situação, ele a tratava como se fosse louca e a acusava de ter reações exageradas.

Como está sempre evitando as emoções, o Sangue de Barata enfurece a outra pessoa de tal maneira que ela acaba explodindo, indo embora ou separando-se dele depois de um longo relacionamento que para ele era feliz. "Eu fui feliz durante todo esse tempo. Não sei por que você não foi", é comum ele dizer ao cônjuge ou parceiro que, depois de arrumar as malas, sai pela porta da frente. Os cônjuges e parceiros do Sangue de Barata tornam-se muitas vezes excessivamente emotivos, expressando por ambos os sentimentos que ele nega.

Por que amamos as pessoas Sangue de Barata

O Sangue de Barata é o mais estável de todos os tipos de parceiro. Ele segura as pontas, detém as rédeas, mantém o mundo estático, seguro, em ordem, cumprindo os horários e seguindo em frente sem muitas interrupções ou transtornos. Contamos com ele *justamente por não se exaltar* nas horas de grande comoção. Ele é aquele que toca a última música quando o *Titanic* está afundando, que entra no fogo para tirar as crianças da casa em chamas, que pára para trocar o pneu do carro de um estranho no acostamento da estrada, sem pensar nas conseqüências que esse ato pode trazer para ele mesmo, simplesmente porque há um problema que precisa ser resolvido. Para ele, viver é fazer o que tem de ser feito. Ele é confiável e constante. Podemos sempre contar com ele. Todos nós dos outros tipos somos gratos — quando estamos vivendo nossos conflitos emocionais — por ele segurar a bússola e hastear a bandeira vermelha no meio do pântano, ou por permanecer impassível e insensível diante das tragédias.

Esse caráter impassível faz das pessoas do tipo Sangue de Barata excelentes maridos, esposas e parceiros de negócios. São responsáveis e levam seus compromissos a sério. Pode-se contar com eles. Não costumam se queixar. Como não reconhecem os próprios sentimentos, em geral acham que não têm motivos para queixas. Eles são os baluartes da humanidade e a âncora segura de todo relacionamento íntimo.

Por que o Sangue de Barata nos irrita

Namorados, amantes e cônjuges enfrentam dificuldades em suas relações com pessoas do tipo Sangue de Barata, por não conseguirem nunca uma verdadeira intimidade com elas. O Sangue de Barata não quer se envolver. Nunca se deixa levar pelos sentimentos nem desfrutar os prazeres das emoções. Em conseqüência disso, nunca se consegue ter com ele aquele tipo de intimidade gostosa que apenas a troca de sentimentos profundos pode proporcionar. As pessoas que têm relações com outras desse tipo costumam descrevê-las como desligadas, distantes e retraídas.

Muito embora pessoas de qualquer outro tipo possam nos irritar, as do tipo Sangue de Barata têm um talento especial para isso. Isso porque a essência delas é negar não apenas os próprios sentimentos, mas também os nossos. Por viverem num mundo emocionalmente irreal, elas fazem com que os parceiros se sintam estranhos e dissonantes, em primeiro lugar por terem sentimentos e, em segundo, por expressá-los.

Apesar de ser comum escolherem para parceiros pessoas que vivem em contato com os próprios sentimentos — para compensar o desequilíbrio que eles mesmos sentem — eles costumam lançar uma campanha inconsciente para impedir que os expressem, como se fossem feras perigosas que devessem ser mantidas enjauladas. Em sua total negação da dimensão emocional da condição humana, inconscientemente eles obrigam as pessoas que os amam a reprimirem gradualmente seus sentimentos até chegarem ao ponto de explodir.

Outra razão que acaba cansando seu cônjuge ou parceiro é a tendência que o Sangue de Barata tem de ser um desmancha-prazeres. Por reduzir tudo a uma razão, uma visão prática, uma conclusão lógica ou uma análise das variáveis, ele consegue tirar o brilho do sol de um dia de verão, a espontaneidade de uma festa de aniversário e o romantismo de uma relação amorosa. Como anel de noivado ele compra o menor diamante possível porque "estava em oferta", um pacote de férias que foi "uma pechincha" e não pula de felicidade quando o cônjuge o surpreende com uma festa para comemorar seu quadragésimo aniversário, porque "fazer quarenta anos não é nada demais". Em vez de ficar comovido, enlevado ou profundamente tocado pela iniciativa do outro — e com isso fortalecer o vínculo emocional — quando lhe perguntam se gostou da festa, ele provavelmente responde: "É, até que foi divertido".

O que realmente acontece com o Sangue de Barata

Por baixo de toda a sua lógica e senso prático, o *Sangue de Barata luta contra a dor causada pela sua ferida emocional*. A forma de ele lidar com essa dor é a negação. Na vida de todo Sangue de Barata há uma ferida muito dolorosa que ele teve de negar: a dor por ter sido adotado, a mágoa por ter tido uma mãe ou um pai frio e indiferente ou o sofrimento por ser filho de pais separados.

Para lidar com sua dor, o Sangue de Barata aprendeu desde muito cedo a negar suas emoções. Em conseqüência disso, ele não sabe mais *como* entrar em contato com elas. Apesar de todos os seus sentimentos continuarem vivos, aprisionados num compartimento escuro do subsolo de sua psique, o Sangue de Barata não tem como acender a luz e encontrar a escada que leva até eles. Às vezes, sua dor é profunda, como a morte de um dos pais. E, outras vezes, a constante e silenciosa indiferença emocional do pai ou da mãe é que o magoou.

Walt, que conseguiu se abrir depois de anos de terapia, disse que seu problema era *nunca* ter tido a atenção da mãe. Ele a amava, mas ela estava sempre ocupada com algum projeto de decoração. Ela nunca o abraçou, nunca leu livros para ele, nunca lhe deu um beijo de boa-noite. Um dia ele chegou em casa com um joelho machucado por ter caído da bicicleta. Estava sangrando muito e, quando ele entrou na cozinha, tudo o que ela disse foi: "Não espalhe sangue por todo o piso".

"Foi quando me fechei", Walt recordou. "Foi naquele dia, naquela hora, naquele minuto."

Wilfred, outro Sangue de Barata, era um dos quatro filhos de um homem que, depois de um longo período de tuberculose, morreu quando ele tinha 3 anos. Desolada por sua viuvez e subjugada pelo peso da responsabilidade de criar os quatro filhos pequenos, sua mãe logo saiu em busca de outro marido. Conseguiu e teve mais três filhos, de maneira que, em poucos anos, Wilfred e outros três irmãos do primeiro casamento viram-se numa família de sete irmãos. Para não perturbar o andamento da nova família que acabara de formar, a mãe de Wilfred comportava-se como se tudo estivesse às mil maravilhas. Todas as sete crianças tinham agora um pai e a vida familiar prosseguia aparentemente sem qualquer tribulação.

Apesar de aparentemente tudo estar bem e, de fato, a família prosperou em todos os sentidos, o enorme sentimento de perda de Wilfred foi sufocado e reprimido. Wilfred e os irmãos tinham sofrido uma das perdas mais devastadoras que uma criança pode sofrer, a morte do pai, mas mesmo assim essa perda fora negada, na realidade, empurrada para baixo do tapete. Eles nunca tiveram permissão para expressar a dor que essa perda representava para eles. Além disso, depois que voltou a se casar, a mãe de Wilfred nunca mais voltou a falar no pai dele. Era como se ele tivesse evaporado, ou até pior, como se nunca tivesse existido e fosse apenas uma ficção criada pela imaginação dos filhos.

Nunca houve espaço nem tempo para que eles pudessem expressar a dor da perda. A mãe de Wilfred estava sempre repetindo aos filhos o quanto eles eram felizes e a sorte que tinham tido: "Não somos uma família maravilhosa?", dizia sempre. "Não nos damos maravilhosamente bem?" Como Wilfred tinha sofrido a maior perda que uma criança pode suportar, e como suas emoções tinham sido totalmente negadas, ele transformou-se, obviamente, num adulto Sangue de Barata. Depois do que passou, nada em sua vida parecia merecer uma resposta emocional. O único acontecimento merecedor de tal resposta fora tratado como se nunca tivesse ocorrido.

Wilfred tornou-se especialista em negar as emoções. Quando alguém lhe pergunta como está, ele invariavelmente responde, "Perfeitamente bem". Teve várias relações, mas todas acabaram por ele ignorar os sentimentos das namoradas. Também chegou a ter algumas noivas, mas, quando a mãe de uma delas sofreu um grave acidente e ele recusou-se a acompanhá-la ao hospital (onde a mulher morreu alguns dias depois), ela rompeu o noivado. A segunda noiva, depois de ter tentado em vão, e de todas as maneiras, fazer com que Wilfred expressasse seus sentimentos, acabou desistindo, um ano depois.

Como a morte de um dos pais, o divórcio é também uma experiência que leva os filhos a negar seus sentimentos. Como a essa altura o divórcio já se tornou uma instituição nos Estados Unidos, os sentimentos que naturalmente o acompanham são os mais facilmente negados.

Os pais tendem a considerar o fim do casamento como uma experiência pessoal de perda e fracasso, dando pouca atenção aos problemas emocionais que ele pode trazer para os filhos. Espera-se que os filhos sejam perfeitamente capazes de lidar com toda uma série de padrastos, madrastas e meio-irmãos, além das mudanças constantes de uma casa para outra, conseqüências inevitáveis do divórcio, sem sentirem nada.

O maior problema não está no fato de as crianças terem de se adaptar às novas circunstâncias, mas na negação dos sentimentos profundos e complexos que acompanham um evento tão emocionalmente devastador como o divórcio. Não damos espaço para os sentimentos, ou não os levamos suficientemente a sério e, em conseqüência disso, muitos filhos de pais divorciados tornam-se adultos Sangue de Barata.

Por exemplo, os pais de Holly divorciaram-se quando ela tinha 6 anos. Um dia, ao chegar em casa da escola, o pai lhe comunicou que estava indo embora porque sua mãe não o amava mais. Ele mudou-se para o centro da cidade e, apesar de ver Holly todos os fins de semana, nunca mais tocou no assunto. A mãe, por sua vez, sentindo-se culpada por ter tomado a iniciativa de pedir o divórcio, procurava compensar a ausência do pai, incentivando a filha em todas as atividades escolares e extracurriculares.

Em pouco tempo, o pai de Holly encontrou outra mulher e começou a viver com ela. Do mundo de Holly, passou a fazer parte uma madrasta ocasional que não morria de amores por ela, mas nisso tampouco se falava abertamente. Passados alguns meses, seu pai mudou-se com sua nova parceira para o outro lado do país e, depois de terem-se casado em segredo, convidaram Holly para passar o verão com eles.

Enquanto isso, a mãe dela teve uma série de namorados, e todos gostavam de Holly, mas desapareciam assim que ela começava a se sentir ligada a eles.

Mais alguns anos se passaram e o pai de Holly voltou para a cidade, ao arranjar um novo emprego. Trouxe consigo a esposa e o filho que tiveram. A nova família do pai instalou-se perto da casa onde moravam Holly e a mãe, e esperavam que Holly se ajustasse imediatamente a ela. Ela fez o melhor que pôde, até que, alguns anos depois, o pai mudou-se para o norte do país, porque a mulher queria ter "sua própria família". Depois que se mudaram, o pai de Holly acabou se esquecendo dela, nunca mais telefonou nem escreveu, e deixou até mesmo de pagar a pensão.

Holly, basicamente uma pessoa de natureza alegre, superou tudo isso — pelo menos foi o que pareceu. Sendo emocionalmente Sangue de Barata, ela obteve sucesso em várias áreas: nos estudos, no trabalho e até mesmo nas amizades, como se essa vida diversificada, que reproduzia a fragmentação de sua infância, fosse a norma. Por fim, ela acabou se casando e mantendo um vínculo desprovido de emoções — "Ele gostava de cães e eu também. Ambos queríamos comprar uma casa" — e foi só quando o casamento acabou, porque o marido aceitou um trabalho na Nova Zelândia e ela não quis acompanhá-lo, que ela começou a ter os ataques de ansiedade que a obrigaram a iniciar a jornada em busca do contato com suas emoções.

Não são apenas as situações nas quais os sentimentos são negados que podem criar a repressão dos sentimentos em pessoas adultas. Às vezes, é o contrário — pais excessivamente histéricos, famílias tão descontroladas emocionalmente que podem levar os filhos pequenos a tomarem a decisão inconsciente de não sentirem nada. É quase como se a criança já tivesse tido a experiência emocional de toda uma vida e, desesperada, ela decidisse: "Nunca mais vou sentir alguma coisa, nunca mais vou seguir esse caminho. Já tive de enfrentar emoções demais, não agüento mais — nem as minhas nem as de ninguém".

As pessoas Sangue de Barata são em geral extremamente sensíveis, mas cuja sensibilidade lhes é inacessível, porque não sabem onde está a chave para estabelecer contato com elas. Ou, então, eles duvidam que seriam capazes de sobreviver se deixassem seus sentimentos virem à tona. Em vez de lidarem com uma emoção de cada vez, passo a passo, como é o caso de um desenvolvimento emocional normal, os acontecimentos devastadores que originaram seus problemas foram tão profundamente enterrados que, se deixassem os sentimentos virem à tona, acham que não os suportariam.

O Sangue de Barata precisa ser tratado com um nível de compaixão correspondente à profundidade da dor que sentiu, e carinhosamente tirado da cova de sua aparente incapacidade de sentir. Antes de tudo, ele precisa entrar em contato com sua ferida, a perda dolorosa ou a privação que um dia sofreu. Ele também precisa chorar. As lágrimas que ele reprimiu o levarão lentamente até o rio dos próprios sentimentos.

O que diferencia o Sangue de Barata de todos os outros tipos

Conforme vimos quando examinamos o tipo Exaltado, todos os tipos precisam alcançar o equilíbrio. O excesso em ambas as direções perturba o fluxo vital. Há ocasiões em que a repressão das emoções não é apenas necessária, mas também apropriada. Quase todos nós sabemos que existem certas situações que exigem a contenção de nossas emoções — quando, por exemplo, alguém está precisando de um ombro amigo para poder chorar e expor seus sentimentos — e não um ataque de histeria como resposta. Também, quando alguém está sofrendo a dor por uma perda ou passando por um período difícil, e você assumiu o papel de ouvinte, convém que você guarde para si mesmo os revezes que está tendo de enfrentar. Quase todos nós sabemos quando temos de passar da repressão para a expressão de nossos sentimentos, e vice-versa, e sabemos qual é a atitude apropriada para o momento.

Mas o Sangue de Barata reprime os sentimentos a tal ponto que, mesmo quando sua própria saúde ou bem-estar depende da expressão deles, ele não consegue trazê-los à tona.

Por exemplo, conheço um rapaz que perdeu um irmão gêmeo num acidente de carro, quando voltava da faculdade para passar as férias de Natal em casa. Vern devia ter viajado no mesmo carro que o irmão, mas como uma de suas provas fora adiada, ele fez a viagem de avião vários dias depois. Os dois tinham passado juntos uma infância agradável, mas depois, durante o segundo grau, ele viu o irmão Clyde abandonar os estudos e ter problemas com drogas.

Pelo fato de serem gêmeos, Vern sentia-se culpado pelos problemas que Clyde tivera, embora não estivesse consciente disso. Apesar de não admitir para si mesmo, ele não conseguia entender por que Clyde tinha tomado um rumo tão mais difícil que o dele. Sendo um típico Sangue de Barata, ele participou do enterro do irmão sem derramar uma lágrima sequer, permaneceu completamente alheio diante dos pêsames dos presentes e, depois, quando indagado sobre a morte de Clyde, respondeu que "na verdade não o tinha afetado muito".

É óbvio que Vern tinha sofrido uma grande perda, perda essa que merecia ser sentida profundamente. Mas ele dizia não sentir muito. Esse exemplo demonstra o que diferencia o Sangue de Barata de todos os outros tipos. É que os outros sabem quando é apropriado reprimir as emoções, enquanto o Sangue de Barata não sabe.

O Sangue de Barata não admite que se sente incomodado quando dizem que ele nega as emoções. "E daí?", ele diria. "Isso não chega a ser um problema." O mundo das emoções é tão inacessível para ele que nem mesmo acha que existe algo do qual ele se privou.

O que o Sangue de Barata tem para nos ensinar

O Sangue de Barata nos mostra que os sentimentos não constituem a única forma importante de reagir às situações que nos são apresentadas. Ele também coloca a perspectiva positiva de que, na realidade, as coisas costumam acabar bem, mesmo quando parecem sair completamente do controle. Apesar de todas as coisas erradas no mundo, de tudo o que pode nos perturbar, esse imperturbável otimista — justamente por negar — é capaz de nos manter em contato com a essência positiva da vida. Além disso, ele nos mostra a beleza que há no simples fato de carregarmos nossos fardos, fazermos o que tem de ser feito sem muito drama, e simplesmente seguirmos em frente.

O que o Sangue de Barata precisa aprender sobre os relacionamentos

O Sangue de Barata precisa aprender a perceber que a riqueza de qualquer relacionamento está justamente na expressão dos sentimentos. É o que sentimos um pelo outro e o prazer sempre renovado de expressar os sentimentos de carinho e afeto, de empatia, encanto, mágoa, alegria, paixão, interesse e satisfação que torna a relação verdadeiramente rica. Não existem duas pessoas que continuam felizes juntas por estarem sempre analisando o que está acontecendo ou por terem esgotado o exame de todas as variáveis e tomado uma decisão racional. A felicidade é possível num relacionamento quando um compartilha com o outro os pequenos prazeres, sempre renovados, da comunicação de quem somos e do que sentimos no dia-a-dia.

Mais do que qualquer outra coisa, é essa troca emocional que sustenta as relações. Quando há uma verdadeira troca de sentimentos no relacionamento, somos felizes por fazer parte dela. Quando deixamos de expressar nossos sentimentos, a relação deixa de ser satisfatória e o que mais queremos é sair dela.

O que o Sangue de Barata pode fazer para ter equilíbrio

Uma vez que o problema do Sangue de Barata é não saber como entrar em contato com os sentimentos, o melhor remédio para esse tipo de personalidade é exercitar sua capacidade de sentir.

1. Familiarizar-se com as quatro emoções básicas.

Todos nós temos quatro emoções básicas: alegria, tristeza, medo e raiva. Não importa quem você é, de onde veio, se seus pais negaram ou expressaram seus sentimentos ou o que você mesmo faz com eles, os quatro *quadrantes* ou, como costumo chamá-los, "os quatro ventos das emoções" estão presentes em você como parte do repertório emocional humano.

A primeira coisa que o Sangue de Barata precisa fazer é "aceitar" que, como todo mundo, independentemente de ele saber, sentir ou acreditar, ele também está sujeito aos quatro ventos das emoções. Eis um exercício para você, que é do tipo Sangue de Barata, começar a se familiarizar com os sentimentos. Comece fazendo a si mesmo as seguintes perguntas, no começo ou no final de cada dia:

O que me deixa triste?
O que me faz feliz?
Do que tenho raiva?
Do que tenho medo?

Esforce-se para identificar o que, em sua vida atual, enquadra-se em cada um desses quadrantes. Por exemplo, "Receio estar com queimaduras de sol. Estou feliz por estar de férias. Estou furioso porque aquele telefonema por engano me despertou às cinco horas da manhã. Estou triste porque meu namorado não pôde vir a esta festa comigo".

Aos poucos, com a prática desse exercício, você vai descobrir que é uma pessoa com sentimentos. Por menos intensos que seus sentimentos possam parecer, eles apontam para a direção em que se encontram os sentimentos mais profundos e relacionados com os eventos mais importantes de sua vida: momentos de perda ou felicidade que foram decisivos em sua história pessoal — o dia em que recebeu seu diploma universitário, o dia em que conseguiu deixar de fumar, a noite em que conheceu sua esposa numa festa, o pânico terrível que sentiu quando soube que sua mãe estava morrendo.

2. Perguntar-se em que parte do corpo *está sentindo* algo e procurar especificar qual é a emoção.

Por exemplo, você está sentindo dor nas costas? Uma tensão no pescoço? Os pés estão doendo? Localize a dor, anote o lugar e, em seguida, imagine que cada uma dessas dores físicas representa uma emoção. Sua dor nas costas, será a raiva que tem de seu chefe? A tensão no pescoço, será a irritação com a secretária? Será que seus pés estão doendo porque você sente que não vai suportar mais um dia atrás da caixa registradora da loja, porque você quer ir embora ou porque se sente deslocado, sem contato com seus próprios valores? E a dor no peito, será mágoa pelo cancelamento do encontro que teria na noite da última sexta-feira?

Estamos descobrindo cada vez mais que todas as nossas emoções alojam-se no corpo. Elas não são meras idéias em nossa mente ou noções vagas que atravessam nossa consciência. Na verdade, elas manifestam-se em nossas células, tecidos e órgãos. Quais são as dores, as moléstias, as pequenas irritações ou as verdadeiras agonias físicas que estão afligindo você neste exato momento? O que elas estão dizendo sobre suas emoções, seu verdadeiro modo de sentir as coisas?

3. Recordar situações tristes e felizes da infância.

Apesar de os quatro quadrantes das emoções atuarem o tempo todo, as coisas que nos proporcionaram mais alegria ou a tristeza mais profunda são as estrelas-guias que podem nos conduzir às nossas emoções. Portanto, pare agora e passe algum tempo tentando identificar a lembrança mais dolorosa que você guarda da infância. O que aconteceu? Quem participou da situação? Como ela marcou você na época? A seu ver, de que maneira ela continua afetando você? (Não, você não pode dizer que ela não o afeta mais. Veja se consegue estabelecer alguma relação entre aquela situação e algum sentimento atual.)

Por exemplo, Lon disse: "Foi a morte do meu cão Rusty, que foi atropelado na rua em frente à casa em que morávamos. Estava voltando da escola quando vi um carro parado ao lado da rua e ele estirado na frente da casa cheio de sangue. Minha mãe estava em casa, mas ocupada falando ao telefone, e pareceu não dar nenhuma importância ao fato. Simplesmente continuou falando. Meu pai não demorou a chegar em casa. Quando ela lhe contou o que tinha acontecido, ele foi até a rua comigo. Então, ele simplesmente pegou o corpo de Rusty e colocou-o num saco de aniagem, sem nunca me perguntar como eu estava me sentindo. Eles estavam ocupados planejando uma viagem e meu pai simplesmente disse: "Bem, de qualquer maneira, ele já era velho".

"Como meu pai achava que a morte de Rusty não merecia ser lamentada, acho que acabei pensando da mesma maneira que ele. Para mim, era ele quem sabia das coisas. Segui no seu rastro. E acabei criando o hábito de negar as emoções. Ou seja, acabei virando um homem."

Por outro lado, qual é a lembrança feliz que você tem da infância? Susie disse que sua lembrança mais feliz é de quando ganhou uma máquina fotográfica numa rifa na escola. A família de Susie era pobre e ela sempre se sentira muito infeliz. Era doloroso ver que todas as outras crianças de sua classe tinham mais dinheiro e mais coisas do que ela. Sempre usavam roupas lindas e ganhavam presentes maravilhosos quando faziam aniversário.

"Eu estava começando a achar que era uma pessoa sem sorte, uma espécie de condenada", Susie confessou. "E então, quando eu estava na terceira série, ganhei aquela câmara automática na rifa da escola. Eu não tinha nenhum interesse especial por câmaras, mas pelo simples fato de tê-la ganho, eu fiquei muito feliz. Senti como se o curso da minha vida tivesse se alterado. Já no dia seguinte, saí para comprar filmes, que custavam todo o dinheiro que tinha economizado com meu trabalho como babá, mas decidi comprá-los assim mesmo. Quando tirei minhas primeiras fotos e vi o resultado delas, senti que tinha agora uma relação com o mundo que nunca antes sentira. Aquela câmara mudou minha vida. Deu-me um novo modo de me relacionar com as pessoas e com as coisas. Fez-me sentir feliz, capaz de ter amigos, e proporcionou-me pela primeira vez uma sensação de segurança. Sou hoje fotojornalista graças à confiança adquirida por aquela experiência."

4. Fazer a si mesmo as perguntas: Qual seria o resultado de uma decisão baseada na lógica? E qual seria o resultado de uma decisão baseada nos sentimentos?

Dê a si mesmo a tarefa de fazer comparações emocionais. Tome um problema da sua vida atual, sobre o qual você tem de tomar uma decisão, e pergunte-se: Qual seria o resultado de uma decisão lógica? E qual seria o resultado de uma decisão emocional? Pode ser qualquer decisão, mesmo a mais insignificante. (Na realidade, seria melhor começar com uma sem importância.)

Por exemplo, Victor e Linda saíram para comprar travesseiros para a cama nova e viram uma grande quantidade deles na sessão de cama e mesa. Linda gostava de travesseiros de pena porque eram fofos e macios. Ela achava que seriam mais cômodos para a cabeça. Mas, quando Victor comparou os preços, concluiu que os travesseiros feitos de uma mistura de penas com espuma estavam sendo vendidos com um desconto maior, apesar de ambos estarem em oferta.

"Pois bem, vamos levar os de pena misturada com espuma", Victor concluiu. "Eles estão com um desconto de quarenta por cento, enquanto os de pena estão com um desconto de apenas vinte por cento."

Linda já estava a ponto de ceder ao raciocínio calculista de Victor, quando sugeriu que ele deitasse a cabeça sobre um dos travesseiros para ver como se sentia. Assim que deitou, ele percebeu que era maravilhosa a sensação e, apesar do conflito por causa do preço mais alto, Linda acabou convencendo-o a comprá-los.

Quais são as decisões que você está precisando tomar no momento? Se é a compra de uma casa, por exemplo, você vai escolher a "melhor pechincha" ou a que é melhor do ponto de vista emocional — uma rua calma, um belo jardim — a que fará você se sentir à vontade? Sua escolha está baseada no fato de ela estar situada no melhor bairro da cidade ou na sensação de que, quando acordar pela manhã, vai se sentir muito bem? Observe o quanto lhe é difícil "ceder aos sentimentos" e, como você muito provavelmente é orientado pela lógica, faça uma lista das possíveis vantagens que teria se pelo menos uma vez seguisse seus sentimentos em vez do raciocínio lógico.

5. Aprender com as experiências dos outros.

Outro ótimo exercício é pedir a opinião das outras pessoas. Por exemplo, se você está comprando uma casa, pergunte a outros: "Como você se sente em sua casa? Por que você a escolheu?" Preste atenção às respostas das pessoas que estão em contato com os próprios sentimentos. Você poderá aprender com elas.

Por exemplo, quando Molly estava à procura de uma casa para comprar, ela perguntou a todos os seus amigos por que motivo eles tinham comprado as suas. Um respondeu, "Porque gostei do modo como a luz entra pelas janelas de manhã". "Os vizinhos ao lado têm uma piscina maravilhosa e só de olhar para ela me sinto em paz", foi a resposta de outro. E um terceiro disse, "Sei que esse é o tipo de casa onde meus netos vão adorar brincar".

Qualquer que seja o problema que você está tentando resolver, colete um bom número de respostas de diferentes pessoas para poder começar a perceber como os sentimentos podem ajudá-lo a tomar a decisão certa.

6. Fazer algo emocionalmente ousado.

Ser um Sangue de Barata significa viver com os sentimentos represados por barreiras que foram erigidas através de muitos anos e com muito cuidado. O rompimento ou a destruição dessas barreiras vai permitir que você entre em contato com suas emoções. Não espere que uma tragédia pessoal coloque você em contato com as emoções. Comece já a assumir riscos. Faça algo que possa lhe proporcionar a experiência da perda de controle, quer dizer, "de um jeito que nunca aconteceu" e observe os sentimentos que essa mudança de comportamento traz à tona.

Procure explorar sua própria vida emocional e deixar que seu modo de sentir as coisas seja parte das experiências que você compartilha com a pessoa que ama, mesmo que isso lhe pareça estúpido ou assustador. Seja ousado. Atravesse sobre uma corda-bamba em um lago entre montanhas. Responda ao anúncio de alguém que procura um parceiro, por mais estranho que lhe pareça ou mesmo que tenha jurado nunca fazer tal coisa. Se você é mulher, faça um curso de defesa pessoal e, se é homem, um curso de dança. Com pequenas ou grandes coisas, quebre o seu padrão de comportamento.

Isso é importante porque, quando faz algo diferente, você rompe os padrões de comportamento profundamente arraigados. Esses padrões abrem profundos sulcos no cérebro, onde os neurônios são condicionados a funcionar de uma determinada maneira e aos poucos vão se tornando incapazes de funcionar de outras. O que isso significa é que todos nós simplesmente criamos modos padronizados de pensar e de nos comportar que são extremamente difíceis de abandonar. Conforme disse Will Rogers:

"Tenha muito cuidado ao escolher seus padrões, pois terá de viver com eles por muito, muito tempo".

Em resumo, mudar o próprio comportamento, fazendo algo inesperado, algo atípico, criará algumas frestas, caminhos e portas nos quais você será pego de surpresa por suas emoções e poderá iniciar a jornada de descoberta dos prazeres e desafios de sua vida emocional.

Meditação para o Sangue de Barata

No fundo, eu sou uma pessoa que sofre. Meus sofrimentos são importantes porque fizeram de mim o que sou. Quero senti-los agora e deixar que eles me conduzam. Para que eu conheça as minhas alegrias, conheça o amor. Conheça a paz que advém de se viver com base tanto nos sentimentos quanto nos raciocínios lógicos.

Afirmações para ter equilíbrio

Sim, eu tenho sentimentos. Sim, eles são reais.
Sou capaz de sentir minhas emoções sem perder o controle ou o acesso à minha mente racional.
Amar é sentir. Quero amar e quero sentir.

O CÉTICO

"Amor? Onde está minha bazuca!?"

As pessoas do tipo Cético nunca entram numa relação de fato ou, se entram, não é por muito tempo. Muitos Céticos declaram abertamente que não acreditam no amor; outros nunca encontram a pessoa certa ou já abandonaram todas as esperanças de terem um bom relacionamento. Quando entram numa relação, algo sempre dá errado e eles acabam de novo sozinhos. É comum eles terem profissões que os impedem de ter relações duradouras: são vendedores que viajam muito ou membros da marinha mercante; trabalham em poços de petróleo ou assumiram projetos que exigem a permanência na Ásia por um período de seis meses.

Os Céticos tendem a ser muito divertidos e costumam ter um senso de humor negro e sarcástico. Estão sempre vendo o lado negativo das coisas, mas de uma maneira que tende a ser extremamente engraçada para as pessoas que os rodeiam. A ironia e o pessimismo são seus instrumentos preferidos: a máxima "A vida é uma droga e, depois dela, vem a morte" resume muito bem a visão de mundo deles. O alvo do humor do Cético costuma ser ele mesmo. O irmão Cético de um amigo meu sempre costuma se identificar no telefone como "o canalha do seu irmão", e uma Cética conhecida minha sempre diz: "Quem iria querer sair comigo? Pareço a Bruxa de Endor".

Em geral, o Cético expõe francamente sua descrença nas relações, mas no fundo ele gostaria de se apaixonar e ver seu ceticismo dissipado pelo milagre que ele nunca acreditou ser possível.

Rodney é um Cético clássico. Inteligente, charmoso e espirituoso, ele casou-se, assim que terminou a faculdade, com uma mulher que não amava, porque tinha certeza absoluta de que o amor não existia. Ele sabia que queria ter filhos e ela também queria. Foi por isso que se casou com ela. Depois de alguns anos, já com dois filhos, o impossível aconteceu: ele apaixonou-se por Jane, uma jovem inteligente e vivaz que conheceu no trabalho. Arrebatado por sentimentos que ele se achava incapaz de sentir, deixou sua mulher para ir viver com Jane. No início foi uma grande felicidade sentir toda aquela paixão que ele nunca antes conhecera. Mas com o passar do tempo, a paixão esfriou e começou a rotina cotidiana. Além disso, Jane não demorou a exigir dele mais tempo para que pudessem aprofundar a relação. Cansado daquelas "brigas", que era como Rodney se referia às cobranças dela, ele concluiu que estivera certo em sua atitude anterior de descrença. Abandonou Jane, dizendo para todo mundo que "essa coisa de amor não existe", e passou a se satisfazer com casos passageiros.

Sinais reveladores do tipo Cético

- É inteligente, espirituoso e costuma zombar de si mesmo.
- Costuma depreciar-se e encara tudo com um pouco de cinismo.
- Não acredita realmente na existência do amor.
- Criou para si uma vida independente que lhe satisfaz.
- Prefere continuar como está a ter de mudar.
- Tem dificuldade para se relacionar com pessoas que expressam emoções.

Um olhar mais atento: características típicas do Cético

1. A visão de mundo dos Céticos é sempre negativa.

Pode-se identificar facilmente um Cético pelas opiniões negativas que ele tem sobre tudo o que acontece. Tampouco acredita em qualquer mudança para melhor. Entretanto, como já vimos, ele costuma fazer piadas sobre essa condição deplorável do mundo, e esse é seu modo invariável e real de ver a vida.

2. O Cético tem uma atitude extremamente ambígua em seus relacionamentos.

O Cético costuma dizer que quer ter uma relação, mas, ao mesmo tempo, está sempre proclamando que "não existem mais homens que prestem", "não existe essa coisa de amor" ou "para que se dar ao trabalho, já que nunca vai mesmo dar certo". Mesmo assim, ele faz o que todo mundo faz quando está querendo encontrar alguém: inicia um curso de ioga para ver se conhece alguém interessante, entra para um grupo de caminhadas e chega até mesmo a recorrer aos serviços da Internet que promovem encontros. Isso porque, apesar de dizer que não acredita no amor, existe nele, por menor que seja, uma parte que acredita ou que espera que o impossível aconteça, provando que ele estava errado. Mas exatamente para proteger seu ceticismo, ele costuma arranjar sua vida de maneira a tornar praticamente impossível acontecer algo que prove que ele estava errado.

Jill, uma conhecida minha do tipo Cético, é um exemplo típico dessa ambigüidade. Ela mantém há vinte anos um caso com dois homens casados ao mesmo tempo. Seus encontros com cada um deles são esporádicos. O fato de ambos serem casados é uma garantia de que não vão passar muito tempo nem ter muito envolvimento emocional com ela. Ao mesmo tempo, ela vive dizendo a todas as amigas que gostaria de ter uma relação mais séria — que o que realmente quer é um marido — mas, na realidade, seu envolvimento com esses dois homens a impede de estar realmente disponível para outra pessoa. De maneira que, apesar de estar até disposta a encontrar alguém e, ocasionalmente, até deixar que seus amigos se encarreguem disso, a vida dela já é demasiadamente cheia e não tem lugar para um relacionamento sério.

Como demonstra o exemplo de Jill, o Cético é extremamente ambíguo. Não se trata simplesmente da costumeira gangorra entre "Quero ter uma relação agora ou mais tarde?" ou "Quero ter uma relação com esta ou aquela pessoa?", mas a ambigüidade dele o leva ao extremo de pensar o seguinte: "Quero ter uma relação, mas não acredito que isso seja realmente possível. Portanto, se você me der uma pancada na cabeça, me arrastar e fizer tudo para que ela aconteça, eu não resistirei".

O Cético, como todo mundo, sofre com essa ambigüidade. Apesar de sua atitude ser quase cem por cento de descrença, ainda assim, em algum recôndito de seu ser, ele acalenta a esperança de que o impossível aconteça: que de alguma maneira e algum dia alguém vai lhe provar que ele estava totalmente errado.

3. Se o Cético acredita no amor, ele tem de negá-lo mais do que nega o próprio ceticismo.

Embora as chances de acontecer algo de bom sejam, na realidade, exatamente as mesmas de acontecer algo de ruim, quando a questão é amor, o Cético aposta na decepção e na insatisfação. "Já que não vai mesmo dar certo, para que perder tempo indo a um encontro com esse desconhecido?" "É claro que eles se separaram, de que outra maneira acaba uma relação de amor?"

Em essência, o Cético perdeu a vontade de correr qualquer risco emocional — ele não está disposto a correr o risco de se apaixonar realmente, de provar algo que talvez seja maravilhoso e que ele pode acabar gostando. Por isso, se ele entra numa relação, é sempre com alguma prevenção contra a total vulnerabilidade à qual os verdadeiros enamorados ficam expostos.

A verdade é que o amor nunca oferecerá seus milagres e prazeres a uma pessoa que bate seus punhos na mesa dizendo: "Prove-me!" O amor só se revela a quem se entrega a ele.

4. Quando tem um relacionamento, o Cético o sabota.

Às vezes, por causa da pequena parte que quer se apaixonar, o Cético vacila e, de vez em quando, chega a mergulhar de cabeça numa relação. Isso aconteceu realmente com um conhecido meu que costumava reagir com a seguinte expressão: "Amor? Onde está minha bazuca?" Depois de anos de ceticismo ferrenho, ele amoleceu um pouco. "Já vivi sozinho por tempo demasiadamente longo. Meus hábitos se solidificaram demais. Acho que está na hora de dar uma chance ao amor", ele disse. Então, deu o salto e mergulhou numa relação. Ele reconheceu que era um mergulho e chegou a pedir abertamente à mulher que se apaixonou por ele que o ajudasse a abrir o coração. Mas abrir o coração era algo muito assustador para ele — antes, ele teria de lidar com os motivos que o tinham transformado em Cético — e quando viu que o amor exigiria empenho, ele começou a bater em retirada. Depois de alguns meses de recuo, ele decidiu "encarar o trabalho" que o havia afugentado para uma distância de centenas de quilômetros.

Esse é o típico padrão do Cético. Tentar — e então desistir. Mesmo quando assume uma relação, continua procurando um meio para escapar — seja literalmente mudando de cidade ou erigindo tantas barreiras à intimidade que a pessoa que o ama sente-se como se estivesse do outro lado de uma muralha alta demais para poder ser transposta.

5. O Cético tem um repertório emocional limitado e sente-se mal na presença de alguém que expressa suas emoções.

Como a dona de casa que não tem ânimo para lavar as vidraças, o Cético não tem disposição para lidar com os sentimentos. O mundo das emoções está praticamente fora de seu alcance, uma vez que, pelo fato de ter colocado seus primeiros traumas no saco do aspirador de pó de seu inconsciente (e nunca mais os tirado dali), a maioria de seus sentimentos continua inacessível.

Mesmo que consiga expressar um pouco de raiva, em geral ele negligencia seus sentimentos, reduzindo-os a piadas. Normalmente, ele não tem contato com sua dor, mágoa ou medo e, com certeza, tampouco com sua alegria. As emoções são algo demasiadamente instáveis para ele. Entrar em contato com os próprios sentimentos lhe traria a recordação do que aconteceu um dia, o fato que deu origem a seu ceticismo e, por isso, em vez de aventurar-se a penetrar no emaranhado de suas emoções, ele prefere fazer outra piada espirituosa e seguir em frente.

O tipo Cético é, em certo sentido, uma forma extremada do tipo Sangue de Barata. Para ele, não basta silenciar as próprias emoções, tem também de impedir que os outros as expressem. Porque, se o fizerem, ele terá de admitir que o mundo das emoções existe, pelo menos para algumas pessoas. Por isso, ele faz tudo para ridicularizar os sentimentos dos outros, minimizando os fatos e tentando distraí-los ou, quando todos seus esforços são em vão, simplesmente dando-lhes as costas e indo embora.

6. Ele tem um mundo particular, no qual não permite a entrada de ninguém e tranca-se ali toda vez que alguém tenta se aproximar dele.

Como aqueles sujeitos que passam o fim de semana inteiro na garagem, trancados com suas ferramentas e latas de tinta, o Cético é essencialmente um solitário. O pequeno mundo privado que ele criou, seja um apartamento de três cômodos, uma fazenda de dezessete mil acres ou um lugar especial na natureza, é *todo o mundo dele* e ele não está disposto a compartilhá-lo com ninguém. É por isso que esses refúgios rurais ou urbanos são na realidade casulos para seu temperamento arredio, o único lugar no mundo onde ele consegue se sentir realmente seguro. Se alguém invade seu santuário, ele sente que não tem mais nenhum lugar seguro. A outra pessoa pode até estar disposta a levar amor para o seu terrível isolamento, mas ele não consegue aceitá-lo. Para ele, o amor significa dor. Por isso, o cético está sempre querendo retirar-se para sua fortaleza segura, porque, ao contrário das outras pessoas, esses lugares não lhe causam sofrimento.

7. Alguns poucos céticos conseguem superar o medo de amar e ficam encantados e exultantes com a descoberta do que o amor pode lhes oferecer.

Como os Céticos são tipos extremados no que diz respeito à dúvida ou à negação do amor, os poucos que acabam encontrando-o costumam ficar surpresos e profundamente agradecidos. Isso porque, para eles, o que parecia impossível de fato aconteceu.

Não são muitos os Céticos que encontram o verdadeiro amor. Com verdadeiro amor eu quero dizer uma relação em que o casal participa conscientemente do seu desenvolvimento. (A maioria dos Céticos que entra numa relação simplesmente fica ali, enquanto seus parceiros tentam despertá-los, motivá-los ou transformá-los.) Mas quando um Cético encontra o amor, e decide lutar por ele, ele sente grande satisfação.

Esse amor é muitas vezes o resultado de uma crise de transformação que abala suas estruturas, de uma terapia intensiva para tratar de suas feridas de infância ou do verdadeiro amor de alguém que vê nele outras qualidades ocultadas pela fachada de cinismo que lhe é típica. Mesmo para um Cético, tais situações podem tornar o medo de amar um risco que vale a pena ser enfrentado.

Por que amamos o Cético

Acredite você ou não, os Céticos são divertidos. Seus chistes constantes, suas autodepreciações e suas visões de mundo cínicas são normalmente expressos de maneira extremamente fascinante. Como a maioria de nós não acredita que o mundo seja um lugar tão ruim quanto os Céticos vivem nos dizendo, não acreditamos que eles realmente o vejam dessa maneira. Por isso, em vez de nos deixarmos atolar em sua negatividade cômica, muitas vezes nos divertimos com suas piadas. Assim, quando eles dizem "Vamos comer, beber e nos divertir, porque amanhã vamos morrer" e choram de tanto rir, rimos com eles, porque não acreditamos que no fundo eles realmente tenham uma visão tão depreciativa da vida.

Os comentários cáusticos que ele faz sobre a política, a poluição, a economia ou seu próprio futuro sempre contêm mais do que uma partícula de verdade e, por isso, não podemos deixar de concordar. Por expressar a verdade nua e crua — para o Cético uma espada é sempre uma espada — seu humor negro pode ser estranhamente revigorante.

Outros tipos de personalidade, particularmente o Sonhador e o Abnegado, são atraídos para o Cético pelo desafio que ele representa. Esses tipos querem ser aqueles que vão conseguir demonstrar ao Cético o que é o amor e como uma relação pode ser uma experiência maravilhosa. Por serem otimistas inveterados, eles imaginam que com suas perspectivas claras e esforços infatigáveis poderão transformar até mesmo o Cético mais empedernido.

Por que o Cético nos irrita

A negatividade constante do Cético torna-se desgastante à medida que vamos descobrindo o quanto ele se agarra a ela. É divertido ouvir algumas piadas cáusticas sobre como as coisas estão, estiveram e sempre estarão erradas, mas como prato diário elas podem acabar minando até a perspectiva mais positiva. A vida simplesmente não é tão ruim assim.

Mas o que mais incomoda no Cético é o fato de ele caçoar das relações. Gosta de aparentar disposição para o amor, mas logo fica claro que é você quem terá de derrubar suas muralhas de defesa. Em função disso, a relação pode se transformar num campo de guerra, com você tentando provar que o amor vale a pena e ele recorrendo à sua bazuca para provar que você está errado.

O Cético não fica à vontade quando alguém que está interessado nele aproxima-se demais e, por isso, erige todas as barreiras possíveis para impedir que minem sua visão de mundo. Decide que você não é a pessoa apropriada para ele, diz que você não vai gostar nada quando descobrir quem ele realmente é ou simplesmente desaparece e nunca mais telefona.

Para proteger-se, o Cético é capaz de transformar-se emocional e fisicamente num verdadeiro Houdini (mágico americano): convida você para um ato espetacular ao qual ele mesmo não comparece. Faz tudo para conquistar você durante um mês e depois tira o telefone da tomada. Passa um fim de semana com você e depois desaparece por duas semanas, sem que ninguém saiba onde ele está. Casa-se com você e, então, em vez de conversar com você, passa o tempo todo ouvindo seu rádio de ondas curtas.

Ele nos enlouquece com seus avanços e recuos. É óbvio que tem sentimentos profundos guardados em algum lugar — de onde mais viria todo o seu cinismo? — mas nega sistematicamente o que você sente e ergue uma muralha de pedra para impedir que você se aproxime. A pessoa que foi de alguma maneira seduzida por ele e criou a expectativa, compreensível porém equivocada, de ter uma relação com ele, fica chocada ao perceber subitamente que está sozinha.

O que realmente acontece com o cético

Tenha ele consciência ou não, *o Cético sofreu uma profunda traição amorosa. Essa é sua ferida emocional* e, por isso, é extremamente difícil para ele acreditar em algo ou em alguém. O que ele precisa aprender é a confiar. Como essa decepção foi enorme e, apesar das possíveis oportunidades de cura, a ferida continua aberta, para o Cético, o mundo é de fato um lugar onde o amor equivale à dor.

Por exemplo, Larry tinha 3 anos de idade quando sua mãe ficou gravemente doente e passou por todo o árduo e longo processo de morrer de câncer de mama. Dia após dia, ele ficava sentado ao pé da cama dela, perguntando a seu pai quando ela ia se levantar da cama e brincar com ele de novo. Seu pai respondia sempre que não sabia, mas que provavelmente algum dia ela se sentiria melhor e poderia ir com Larry dar um passeio no parque.

Depois, chegou o dia em que Larry, ao voltar da escola, não encontrou sua mãe na cama. Quando Larry perguntou onde ela estava, seu pai simplesmente respondeu: "Bem, acho que foi sozinha ao parque. Temos de esperar para ver se ela vai voltar".

Foi só muitos anos depois, quando achou que Larry já tinha idade suficiente para entender o que era a morte, que o pai acabou lhe contando que sua mãe tinha morrido.

Larry amava muito a mãe e desde muito pequeno quase nunca ficara longe dela. Ele sentiu-se traído pela morte dela, mas ainda mais pelo fato de, em seus últimos dias, ela nunca ter-lhe dito que ia morrer. Uma coisa era ela ter ido embora e outra, bem diferente, era ter mentido para ele, ao não dizer a verdade. Também sentiu-se traído pelo pai, por ele não ter-lhe contado a verdade após a morte da mãe. A sua mágoa era dupla — pela perda e pela traição. Depois disso, Larry não conseguiu mais confiar em ninguém e o mundo nunca mais foi para ele o que era para as outras pessoas. Sua própria confiança na vida fora destruída.

Em certos Céticos, a perda de confiança resultou do abandono. Por exemplo, Tom, outro Cético conhecido meu, tinha um irmão gêmeo que suicidou-se quando ambos estavam no segundo grau. Tom adotou uma atitude cínica para encobrir a dor terrível e o sentimento de ter sido traído e abandonado pelo irmão. Com o passar do tempo, sua atitude sarcástica assumiu um tom de humor negro e ele acabou fazendo uma carreira de grande sucesso como comediante. Mas sua vida emocional não teve o mesmo sucesso e atualmente ele só recorre a prostitutas para não ter de lidar com o "envolvimento emocional" que exige o relacionamento duradouro com uma mulher.

Peter tinha 5 anos, seu irmão 7 e sua irmã menor 2, quando, em conseqüência da tragédia causada pelo vício que o pai tinha de jogar, os pais se separaram subitamente, deixando a mãe deles em sérias dificuldades financeiras.

Apesar da vontade de manter a família unida, sua mãe não conseguia ganhar o bastante para sustentar os filhos e permitiu que Peter fosse adotado. Peter passou a morar com um casal sem filhos, pertencente à igreja que costumava freqüentar, e que sempre demonstrara simpatia por ele.

Essa experiência de traição quando ainda era muito pequeno foi extremamente devastadora, pois entre seus irmãos, ele fora o único a passar por ela. Fora dado a estranhos, enquanto seu irmão e sua irmã continuaram em casa, mantendo aparentemente a família intacta. Apesar de a mãe e os irmãos estarem vivendo em extremas dificuldades financeiras, enquanto ele desfrutava de todo o luxo e conforto proporcionados por seus pais adotivos, ainda assim ele se sentia totalmente rejeitado e traído. Esse sentimento de ter sido traído tornou-se ainda mais forte no ano em que a mãe, constrangida pela discrepância entre as circunstâncias de vida de Peter e de seus outros filhos, afastou-se inteiramente dele sem dizer nada. Ele nunca mais viu os irmãos.

Como um adulto que não confia nas relações, Peter espera ser traído e, nos dois casamentos que teve, foi traído sexualmente por ambas as esposas — traições que ele indiretamente provocou.

A perda da confiança pode ocorrer também quando os filhos deixam de receber os cuidados básicos, aos quais todos nós temos o direito legítimo de receber dos pais. Os filhos desenvolvem inconscientemente um sentimento de desconfiança na vida, quando não recebem os devidos cuidados e proteção.

Carol era a caçula de seis irmãos quando uma epidemia de moléstias infantis assolou a família, exaurindo sua mãe e ocupando todo o tempo dela. Enquanto a mãe tomava conta dos irmãos doentes, a pequena Carol ficava sozinha e sem comida por horas a fio.

Nas primeiras vezes, Carol costumava choromingar e depois chorar, mas depois de horas sem ser alimentada, ela acabou desistindo e parou totalmente de chorar. Ela já estava em estado de inanição quando a mãe finalmente vinha lhe dar comida. Em sua mente inconsciente, Carol interiorizou essa traição e desistiu de esperar até mesmo pela comida de que necessitava.

Nos seus relacionamentos de adulta, ela sente que sempre "passa fome". A pessoa que ela ama não dá a ela tempo suficiente ou ela tem de esperar tanto para receber atenção que, quando ela finalmente lhe é dada, ela já desistiu e não consegue receber o que lhe é oferecido. Ela continua repetindo a mesma experiência da infância, de quando não sabia se expressar, e como adulta, ela continua sem saber expressar as necessidades que intimamente espera serem satisfeitas pelo marido ou namorado. Para proteger-se de seu profundo sentimento de decepção, ela convenceu-se de que é melhor ficar sozinha, porque assim sabe que terá de satisfazer as próprias necessidades e não esperar nada de ninguém. É claro que, como sempre aconteceu no passado, ela continua passando fome.

Esses sentimentos profundos de abandono e falta de confiança nunca chegam a ser tão profundos quanto os sentidos pela criança que é agredida verbalmente ou molestada sexualmente por um dos pais ou por outra pessoa próxima. Espera-se daqueles que fazem os papéis de pais que cumpram suas funções de alimentar e proteger os filhos enquanto crescem. Quando um tio ou pai que tem esse papel passa a molestar a criança sexualmente, quando a mãe levanta-se todas as manhãs agredindo-a violentamente, dizendo-lhe que ela não serve para nada, a criança sente-se desesperada e agredida.

Os adultos que tiveram essas experiências de abuso na infância têm dificuldade para confiar nas pessoas. Na verdade, para elas a confiança nunca é algo dado, mas é sempre algo conquistado através de um longo e doloroso processo.

Essas traições da confiança alteram radicalmente a visão de mundo da criança. Em vez de ver a vida — e o universo — como detentora de toda uma série de possibilidades tanto positivas quanto negativas, para o Cético, o lado bom do mundo desapareceu. É como se uma cortina tivesse caído e restasse agora apenas o lado negativo. É pelo fato de essas traições terem ocorrido quando ele era muito pequeno, e depois terem sido encobertas por mentiras ou omissões da verdade, que elas criam uma ferida tão profunda.

Tendo sido traída pelos pais, a criança fica confinada sozinha num mundo de sofrimento emocional ao qual seus pais *amorosos* a condenaram. É exatamente por essa traição ter sido praticada por quem ela mais ama — não por um colega de escola, professor ou estranho, mas pelas únicas pessoas com quem a criança acreditava poder contar — que a ferida é tão terrível e avassaladora.

Quando uma criança sofre uma traição desse tipo, ela sente-se como se tivesse sido uma idiota simplesmente por ter confiado. É por isso que ela constrói um mundo e forma uma visão de mundo em que não há nada de bom. Não se pode confiar em ninguém. É como se esse conhecimento pudesse impedi-la de voltar a passar por uma experiência de tanta vulnerabilidade. Estarei mais seguro se não baixar a guarda, o Cético costuma dizer (inconscientemente) para si mesmo. É por isso que ele não pode confiar e é por isso que o amor, se ele por fim o encontra, é um verdadeiro milagre.

O que o Cético tem para nos ensinar

O Cético pode nos prestar o favor de despertar nosso ceticismo. Afinal, ele é especialista nisso. É bom não sair por aí acreditando em todo mundo, procurar enxergar além da superfície, não ser uma completa Poliana. A vida tem seus infortúnios, traições e finais infelizes e é importante que nós dos outros tipos, e especialmente os Abnegados e os Sonhadores, levemos isso em conta.

O Cético também nos ensina que nem sempre vale a pena enfrentar um desafio. Algumas pessoas *não* querem realmente ser amadas ou não estão dispostas a fazer o trabalho emocional necessário para que possam aceitar o amor que lhes é oferecido. A prudência é a parte mais importante da coragem. O Cético nos ensina a respeitar nossos próprios limites, a considerar que, na maior parte das vezes, as pessoas são o que dizem ser, e que nem as melhores intenções e os maiores esforços do mundo conseguem mudá-las. Em vez de tentar convencê-las a mudar, talvez tenhamos de aprender a sentir compaixão e aceitá-las como elas são.

O que o Cético precisa aprender sobre os relacionamentos

As pessoas que têm problema para confiar nos outros estabelecem relações exatamente para aprender a confiar. Você que é Cético precisa entender que é pelo desenvolvimento *paulatino* da confiança na relação que a cura poderá ocorrer. Você não está aqui — ou numa relação — simplesmente para continuar vivendo atrás da barricada erigida por sua desconfiança. Se fizer isso, estará empurrando todo mundo para fora de sua vida e acabará invariavelmente sozinho. Ou, se está numa relação, está sempre mantendo distância da pessoa que você ama, porque em sua mente, ela nunca merecerá sua confiança.

O que o Cético pode fazer para ter equilíbrio

1. Identificar as traições que sofreu e lidar com elas.

O Cético compensou as traições sofridas na infância com uma atitude que lhe proporciona a sensação de ter controle sobre o mundo. Em muitos Céticos, essa perda de confiança foi tão reprimida na infância que eles não têm consciência dela. Para curar-se, e como recompensa desfrutar mais as relações, ele deve tomar consciência das traições que sofreu e, em seguida, tomar providências para resolvê-las.

Para isso, a maioria deles vai precisar da ajuda de um terapeuta. Todas as etapas do processo que leva à identificação do acontecimento específico ou da experiência prolongada de traição ou abandono — sentir a raiva que ela causou, entrar em contato com a própria dor, sentir compaixão por si mesmo, passar para o perdão, que lhe possibilitará a libertação de seu ceticismo, e começar a desenvolver a confiança — são passos necessários para ele alcançar a cura.

2. Se tem uma relação, manter-se consciente.

Como sua tendência natural, quando está numa relação, é provável que ela não vai dar certo ou que, como todas as outras, ela acabará mal, o Cético deve começar examinando suas reações emocionais. A cada vez que perceber o mínimo sinal de traição, ele terá de identificá-la, expressar a raiva que está sentindo e pedir o que está precisando para resolvê-la.

Por exemplo, se seu marido flertou com uma mulher atraente numa festa e você acha isso imperdoável, você precisa do pedido de desculpas e da promessa dele de respeitá-la mais da próxima vez que saírem juntos. Feito isso, você poderá continuar na relação, uma vez que deu um passo à frente, emocionalmente. A solução ocorrerá quando ele for capaz de pedir desculpas e você, de perdoá-lo. Em vez de ficar presa ao ressentimento e à falta de confiança por ter sido traída, você poderá esquecer e seguir em frente.

Ou, se a traição for mais grave, a solução pode exigir de você a decisão consciente de terminar a relação. Por exemplo, se seu marido teve uma série de casos que, para você, são imperdoáveis, pois ele abusou demais da sua confiança, mesmo que ele tenha pedido desculpas, pode ser necessário que você o deixe, para recuperar a confiança na vida.

3. Dar uma chance ao amor.

Se quiser vencer sua incapacidade de confiar, que o leva a um isolamento e a uma solidão cada vez maiores, o Cético terá de ampliar seus limites, admitindo que a relação é o remédio apropriado para curar a ferida causada pela traição sofrida na infância. Aprender a confiar é um processo. É um aprendizado para todos nós, mesmo para aqueles que não sofreram nenhuma grande traição. Mas, para quem sofreu uma grande traição, são necessários muitíssimos passos para aprender a confiar de novo — ou quem sabe pela primeira vez. Quem duvida do amor precisa abrir o coração e procurar confiar um pouquinho mais.

O Cético será capaz de fazer isso quando se permitir perceber que, paralelamente às experiências de abuso e traição, ele também teve muitas experiências de amor. Quanto mais ele se permitir reconhecer o amor que recebeu, mais será capaz de aceitar o amor de todos aqueles — amigos, filhos, avós, avôs, pessoas totalmente estranhas e admiradores casuais — que foram enviados para compartilhar de sua vida e mais possibilidade ele terá de aumentar gradativamente sua confiança.

Para saber o quanto realmente é amado, recomenda-se que ele anote todos os dias os fatos que ocorreram e que o fizeram se sentir amado. Temos inúmeras provas da generosidade da vida, além das experiências próprias de bem-estar, que são puras dádivas do universo — um dia ensolarado, o fato de termos uma casa para onde voltar, o sorriso de um estranho, alguém que aparece para nos ajudar quando estamos em apuros. Ao fazer isso, ele poderá perceber que muitas das experiências que o fazem se sentir "amado" não são propriamente pessoais ou íntimas. Mas nem por isso ele deve deixar de considerá-las. Isso é apenas o começo. Ao percebê-las, o Cético será obrigado a começar a perder seu ceticismo. Ao ver que a vida não é tão feia, sem esperança e indigna de confiança quanto ele pensava. Quanto mais experiências de amor ele conseguir reconhecer (e fixá-las na mente pela escrita), mais se sentirá amado.

4. Fazer algo pelos outros.

Uma das coisas que mantém o Cético em seu ceticismo é o fato de ele ficar sozinho consigo mesmo praticamente o tempo todo. A saída desse estado deplorável é, literalmente, sair dele. Quando ele dá algo de si aos outros, o seu próprio estado deplorável, por mais terrível que seja, perde a importância.

Uma conhecida minha, que fora molestada muitas vezes pelo pai e por dois tios, convidados pelo pai a ocuparem a casa que tinham nos fundos da fazenda, confessou que não confiava em ninguém e que viveu indignada contra Deus até alguns anos atrás, quando uma adolescente, que também fora constantemente molestada, disse-lhe que ela parecia ser tão bondosa que sabia que podia confiar seu problema a ela.

Tocada pela confissão sincera e pela confiança daquela adolescente, a mulher compreendeu que era não só ela que sofria, mas também os outros. Ela transformou sua mágoa em serviço e atualmente dirige uma casa para jovens que foram vítimas de abuso sexual.

Não importa qual seja a sua ferida, você pode transformá-la.

Meditação para o Cético

Estou disposto a derrubar minhas barreiras agora. Fui profundamente magoado e tenho uma grande compaixão por mim mesmo. Estou disposto a abrir mão de meu ceticismo para receber algo de bom do mundo. Estou também disposto a me esforçar para merecer essas coisas boas. Estou pronto para correr o risco de amar.

Afirmações para ter equilíbrio

Este é um novo dia.
Nada é tão terrível que eu não possa enfrentá-lo. Absolutamente nada.
Quando ofereço minha mágoa como uma dádiva de amor, ela se transforma e eu me transformo.
Só o amor pode me salvar.
Quero amar.

O TRABALHADOR COMPULSIVO

*"Não sei se vou estar livre.
Preciso consultar minha agenda."*

O Trabalhador Compulsivo é aquele que, num relacionamento, organiza todas as atividades e horários. Nunca se pode dizer a um Trabalhador Compulsivo "Vá viver sua vida", pois ele já a vive, e não apenas uma, mas duas, três ou tantas outras que pode dividir algumas com você e ainda lhe restar outras só para si.

O Trabalhador Compulsivo está sempre ocupado. Ele conclui quatro projetos em duas semanas, é treinador voluntário do time de futebol do filho, administra uma firma de advocacia, constrói uma casa e dirige 500 quilômetros a cada duas semanas para visitar os filhos. O Trabalhador Compulsivo é um grande realizador, mas sempre tem algo mais para fazer.

Ele costuma dormir pouco e traz muitos lucros para qualquer empreendimento de que participe, pois dedica-se de corpo e alma. Ele não trabalha para conseguir atenção, glórias ou elogios, como faz o Narcisista, mas pela pura satisfação de ver um trabalho bem-feito. Geralmente são executivos ou empresários que venceram na vida por esforço próprio. O Trabalhador Compulsivo é competente e muito bem informado; seja dirigindo uma pequena floricultura ou uma grande empresa, ele consegue controlar uma infinidade de informações e assuntos de uma só vez. Em geral mais competente, habilidoso e instruído do que artístico, sua criatividade se expressa no modo como ele dispõe e organiza seus compromissos para alcançar as metas que estabeleceu para si mesmo.

Tom, casado há sete anos, é um consultor político das altas esferas do poder que trabalha até tarde quase todas as noites e também nos fins de semana. Seu trabalho é "importante". Ele viaja de férias pelo menos uma vez por ano sem a mulher, porque sente-se exausto. "Coisa de homem", ele costuma dizer. Ele precisa de tempo para sair sozinho e arejar um pouco. Em casa, ele transformou a garagem num segundo escritório, onde ele passa os fins de semana inteiros, enquanto a mulher, Ellen, distrai-se na academia de ginástica ou faz programas com as amigas.

Quando consegue chegar em casa razoavelmente cedo, depois de um longo e árduo dia de trabalho, ele a leva para jantar fora. São sempre momentos aprazíveis para ambos. Mas a verdade é que Tom não quer realmente ter uma relação. De fato, Ellen sempre o acusa de querer que ela seja apenas um objeto de admiração para ser exibido publicamente. E ela está certa, pois ele gosta de tê-la como companhia quando precisa aparecer de braços dados com uma mulher, exibindo-a como troféu, embora ele sempre diga que a ama de verdade. Quando estão sozinhos em casa, no entanto, ele sempre acorda cedo e sai para fazer ginástica antes de ela se levantar. Se acontece de encontrá-la pela manhã tomando café com torradas, ele se tranca no banheiro, onde se demora no banho e, quando sai, vai correndo para o carro, porque "É cedo demais para falar de qualquer assunto sério".

Uma vez por ano, Tom e Ellen saem de férias juntos. Vão sempre para algum lugar escolhido por Ellen, com a esperança de que, longe do trabalho, ela consiga aproximar-se emocionalmente dele. Mas isso não costuma acontecer. Na realidade, enquanto Tom joga golfe e tênis, Ellen recebe massagem e faz compras. Relaxados e despreocupados, eles passam horas agradáveis juntos todas as noites no jantar, mas Ellen precisa ter o cuidado de não tocar em nenhum assunto muito "sério" para não "estragar" o prazer que estão tendo juntos. No final, eles invariavelmente tiram fotos que ficarão como prova das férias maravilhosas que tiveram juntos. Então, voltam para casa e retomam a rotina, com Ellen ansiando por mais intimidade, enquanto Tom, ocupado com seus projetos, diz para ela parar de reclamar.

Sinais reveladores do tipo Trabalhador Compulsivo

- Está sempre ocupado.
- É muito bem-sucedido e tem compromissos em excesso.
- Mantém as pessoas longe dele, com adiamentos e a justificativa de que surgiram "outras" prioridades.
- Prefere ter uma atividade em comum a conversar.
- É admirado por sua capacidade de fazer muitas coisas ao mesmo tempo.

Um olhar mais atento: características típicas do Trabalhador Compulsivo

1. O Trabalhador Compulsivo tem sempre um compromisso ou uma atividade já marcados que o impedem de aceitar qualquer convite que você lhe faça.

O Trabalhador Compulsivo acredita realmente que quer ter uma relação, mas acaba sempre organizando sua vida de uma maneira que não lhe sobre tempo para ela. Tudo o que ele está fazendo é importante — e, de fato, não é conversa fiada. Os compromissos que, conforme ele diz, o impedem de aceitar seus convites são, pelos critérios de qualquer pessoa, válidos, importantes e, com certeza, inadiáveis. Por exemplo, aquela visita dos pais que ele não vê há oito anos certamente não pode ser adiada. Tampouco aquela reunião de trabalho que vai mantê-lo fora da cidade por uma semana. Nem o encontro com os filhos ou a conversa com a ex-mulher sobre a pensão da filha. Nem as horas extras que está fazendo para pagar as dívidas com os cartões de crédito.

O Trabalhador Compulsivo sempre tem um milhão de justificativas, todas elas aceitáveis, para não poder estar com você em uma determinada hora. Na verdade, todos nós que precisamos penar numa mentirinha inofensiva para justificar nossa falta a um compromisso sem importância poderíamos recorrer ao Trabalhador Compulsivo, que nos daria uma lista delas.

2. O Trabalhador Compulsivo está sempre enrolando o parceiro.

"Não, esta semana não vai dar, talvez na próxima." "Não neste Natal, quem sabe no próximo." "Não amanhã, talvez na quinta-feira." "Vamos esperar para ver o que acontece. Não sei o que tenho marcado na agenda." "É uma pena, adoraria sair de férias com você, mas vou estar muito ocupado durante todo o verão. Que tal no outono?" "Ótimo, então no outono? " "Bem, não sei como vai estar minha agenda então. Falaremos sobre isso em setembro."

Seja qual for o plano que gostaria de fazer, você não pode contar com a participação dele. Ele prefere deixar as coisas em aberto, sempre adiando-as para um futuro vago e distante, alimentando suas expectativas, e quando chega a hora, nunca encontra um jeito para satisfazê-las, pelo menos não no nível que você gostaria. Ele lhe dá uma hora de seu tempo quando você pediu um dia e um dia, em vez de uma semana. "Estou telefonando só para dizer que estou pensando em você, mas não tenho tempo para conversarmos agora." "Sei que combinamos de passar a noite juntos, mas tenho de ir até a obra falar com o eletricista." E está sempre lhe dizendo que sente muito, porque ele também queria tirar um dia, uma semana ou um fim de semana de folga — se ao menos não fosse tão ocupado!

3. Na companhia do parceiro, o Trabalhador Compulsivo está sempre com a cabeça em outros compromissos.

O Trabalhador Compulsivo tem sempre um monte de desculpas para não poder acompanhar você a programas especiais e nem mesmo para participar dos compromissos normais da relação. E, se você acaba pressionando-o para cumprir algum compromisso específico, ele encontrará milhões de justificativas para não continuar a conversa, não ter a discussão que poderia resolver uma pendenga antiga, não ir fundo nas emoções, não planejar algo específico para o futuro. Vocês podem estar jantando fora, mas ele deixa o celular ligado e atende a todas as chamadas do escritório. Ou ela tem de ligar para casa a cada cinco minutos para saber se as crianças estão bem, pois fica muito preocupada quando as deixa sozinhas.

O Trabalhador Compulsivo está sempre com pressa para chegar a um compromisso ou outro e, por isso, não pode estar com você aqui e agora. Enquanto no plano geral ele está sempre ocupado com interesses aparentemente legítimos de sua própria vida, no plano particular, se você o pressiona a assumir um compromisso específico com a relação, ele vai encontrar toda uma gama de motivos para não estar realmente com você. Está com dor de cabeça. Está aguardando um telefonema. E acabou de lembrar que tem de ir buscar a roupa que deixou na lavanderia. Ele não pode aprofundar a relação porque tem sempre algo para fazer. Este é o ano em que ela está reformando o apartamento. Ou que ele decidiu construir um barco, o sonho de sua vida, e terá de começar agora mesmo, depois de estar cinco minutos com você pela primeira vez. É claro que vai levar anos nisso. Construir o *Titanic* foi fichinha comparado com o que ele decidiu construir. Ou então, ela está escrevendo um livro — e você sabe como o processo criativo exige concentração. Você não deve telefonar para ela das nove horas ao meio-dia, porque é quando está escrevendo. E tampouco à tarde, quando está fazendo exercícios para compensar o tempo em que ficou sentada diante do computador.

4. O Trabalhador Compulsivo prefere compartilhar atividades, não sentimentos.

De vez em quando, o Trabalhador Compulsivo dispõe-se a fazer uma pequena viagem com você e é nessas ocasiões que ele divide um pouco de seu tempo pessoal. Entretanto, na maior parte do tempo, ele fica na dele, porque tem tanto o que fazer que não tem tempo para a intimidade. Ele se dispõe a fazer algo com você, porque fazendo algo não terá de aprofundar-se nos sentimentos: esportes aquáticos, jogos de beisebol, etc. Para ele, o mundo é um tabuleiro de acontecimentos e empreendimentos, e cada um deles tem de ser devidamente enquadrado e tem, para ele, um valor inquestionável. Incluir você nesse tabuleiro o mantém distraído e estimula você a se unir a ele na construção desse mundo feito de um milhão de distrações.

Ao término de um casamento mal-sucedido, que começou quando ela tinha 18 anos por causa de uma gravidez indesejada, Wanda encontrou um homem fascinante no supermercado, que imediatamente começou a cortejá-la. Ela ficou encantada porque seu antigo marido, como ela passou a chamá-lo, era decididamente um "osso duro de roer". Nunca queria fazer nada nem ir a parte alguma. Na verdade, a recusa dele em participar dos prazeres e oportunidades que ela via à sua volta constituíra a principal razão, depois de seis anos de casamento, para ela querer se separar dele. Quando Ben apareceu, convidando-a para ir com ele a uma corrida de motocicletas, para visitar a feira estadual e uma convenção que a empresa de computadores na qual trabalhava estava realizando em Dallas, Wanda exultou de felicidade. Até que enfim, um pouco de ação, ela pensou. Até que enfim, a vida estava ficando interessante.

Todas essas atividades estavam de fato acrescentando um pouco de tempero à vida de Wanda e, seis meses depois do divórcio, ela sentia que tinha entrado numa relação nova e excitante com Ben e já estava considerando a possibilidade de se casar com ele. Foi então que a empresa em que ele trabalhava fez-lhe uma proposta de trabalho no Japão. A oferta incluía um aumento considerável de salário, a oportunidade de assumir mais responsabilidades além, é claro, da oportunidade de conhecer uma outra parte do mundo. Ele convidou Wanda e a filha dela para irem junto. Apesar de surpresa diante dessa virada da sorte, Wanda acabou concluindo que aquela era uma oportunidade que só acontecia uma vez na vida. Ela fez as malas e, em dois meses, Ben, Wanda e a filhinha dela embarcaram para o Japão.

Uma vez no Japão, entretanto, Ben revelou-se como era, na verdade. Sobrecarregado como realmente estava pelas novas responsabilidades, ele trabalhava dia e noite, enquanto Wanda ficava em casa tentando aprender japonês e fazendo um curso de Ikebana. A filha, que freqüentava uma escola bilíngüe, não demorou a aprender a língua e a fazer novos amigos, mas Wanda se sentia excluída e negligenciada. Sem trabalho e incapaz de se comunicar em japonês, depois das primeiras semanas de deslumbramento diante de uma cultura tão diferente, ela começou a se sentir sozinha e abandonada.

Enquanto eles estiveram no Japão, Wanda atribuiu a culpa às responsabilidades do novo cargo do marido. Mas quando, terminado o período de seis meses do contrato de trabalho dele, eles voltaram para casa, Wanda percebeu que o padrão que ele seguira no Japão não era exceção e sim a regra. Dia após dia, Ben ia cedo para o escritório, interessado em conhecer o novo computador que havia trazido do Japão e ansioso para discutir com os colegas o que havia aprendido.

Cansado desses longos dias de trabalho, ele dizia que precisava fazer "algo diferente" à noite e nos fins de semana. Semana após semana, Ben encontrava coisas para fazer que simplesmente o mantinham afastado de casa nos fins de semana. Se Wanda não se dispusesse a acompanhá-lo em alguma dessas incursões — comprar peças para a motocicleta, olhar ferramentas de jardinagem, ficar com as esposas de seus colegas enquanto ele e os amigos assistiam a inúmeros eventos esportivos — ela não o veria nunca. Em lugar de querer conhecê-la, criar uma base emocional sólida para o relacionamento deles, à medida em que o tempo passava, mais distrações ele arranjava.

A mesma qualidade que no início ela tanto apreciara em Ben, ou seja, sua disposição — seria melhor dizer sua insistência — para experimentar situações novas e incomuns, ela via agora como um fascínio quase patológico por distrações. O homem que a havia fascinado por ter uma vida tão ativa, era um parceiro ausente. Depois de um ano e meio, Wanda separou-se dele, soltando um suspiro de alívio por não ter se casado com ele e, com isso, evitou a trabalheira de um segundo divórcio.

Com suas caçadas, engenhocas e brinquedos eletrônicos, pode parecer que os homens são os mestres da distração, mas o tipo Trabalhador Compulsivo não é constituído apenas do sexo masculino. Existem mulheres tão envolvidas com o trabalho, com a limpeza da casa, com os filhos (e que maior desculpa do que a necessidade de dar atenção aos filhos?), que também podem ser incluídas no tipo Trabalhador Compulsivo. Como os homens, elas também podem achar, e até mesmo acreditar, que querem ter uma relação, mas, quando se trata de encará-la de frente, também não querem se envolver demais.

Katherine, uma empresária bem-sucedida, dona do seu próprio negócio, sendo lésbica, apaixonou-se por Charlotte e ficou felicíssima com essa nova relação. No entanto, a cada vez que Charlotte propunha um fim de semana romântico ou a convidava para ficarem juntas no aconchego do ambiente doméstico — fazendo pequenos consertos ou trabalhando no jardim — Katherine sempre encontrava um motivo para ter de ficar no escritório. Não apenas isso, mas as únicas férias que ela propôs foram aquelas nas quais Charlotte acompanhou-a em viagens de negócios.

Mesmo no começo, quando estava perdidamente apaixonada, Katherine admitiu para si mesma que sua prioridade absoluta era fazer de seu negócio um sucesso. O que mais a atraía em Charlotte, ela disse, era o fato de ela ser uma "parceira pouco exigente". Mas, na verdade, ela estava simplesmente usando Charlotte como uma companheira sempre disponível, sem dar-se tempo para criar um vínculo emocional mais profundo. Não demorou para a relação esfriar e deixar de ser interessante. Em dois anos, Charlotte foi destroçada ao bater-se contra os rochedos implacáveis das ambições desmedidas de Katherine.

5. O Trabalhador Compulsivo não quer realmente aprofundar a relação. Não quer se envolver demais emocionalmente.

Se você inicia um diálogo mais profundo durante o jantar, ele começa a falar na delícia que é o pão de alho. Se entra no plano das emoções, ele menciona, vagamente é claro, a possibilidade de férias no futuro. Se você faz algum comentário sobre sua família ou a dele, ele procura algum motivo para desviar a conversa. Como o Sangue de Barata, ele não gosta de mergulhar nas águas emocionais, mas, em seu caso, em vez de reprimir as emoções, ele simplesmente as evita. Ele não diz abertamente que "não quer lidar com essas coisas", mas simplesmente que "quer fazer outra coisa". Se não tem coragem para admitir que quer fazer outra coisa, ele simplesmente coloca dez mil projetos na sua frente como prova — como se você e todo mundo concordassem que os negócios são a única coisa que vale a pena.

O Trabalhador Compulsivo fala da boca pra fora. Ele diz que quer ter uma relação, mas na verdade agrada-lhe mais a "idéia" de ter uma relação do que tê-la de fato.

Com uma mágoa profunda trazida de seu casamento anterior com o pai de seus dois filhos, Michelle ficou encantada ao encontrar Jim pela primeira vez. Ele pareceu surgir na hora certa. As crianças, com 9 e 11 anos, já estavam suficientemente crescidas para ela sentir que podia começar a ter algo mais sério com outro homem. Mas logo que Jim entrou em sua vida, Michelle começou a escorregar para todos os lados para escapar dele. De repente, os filhos passaram a ser sua prioridade máxima. "Tenho de levar Mark para treinar na liga juvenil", ela dizia. "Tenho de levar Cathy para a casa dos Brown." "Tenho de estar em casa com eles à noite, porque eles têm pavor de ficar sozinhos." "Tenho de estar em casa quando o pai deles os traz de volta nas tardes de domingo para que não se sintam tristes e abandonados."

Todas as suas justificativas eram, evidentemente, legítimas. Todo mundo sabe que as crianças precisam ter uma mãe, mas suas preocupações pareciam exageradas. Enquanto ela empilhava uma desculpa sobre a outra, Jim ia ficando frustrado, receando que Michele não estivesse realmente disposta a ter uma relação com ele. Mas, mesmo assim, ele continuou tentando de todas as maneiras: convidando-a para passarem férias juntos, sugerindo que fizessem uma terapia juntos, propondo que passassem fins de semana num hotel longe das crianças para viverem juntos uma experiência romântica. Por fim, já sem esperanças de conquistá-la, ele desistiu, ao perceber que quanto mais ele tentava encontrar soluções criativas para o "problema das necessidades dos filhos", mais ela parecia afastar-se dele.

Esteja ele realmente ocupado com a salvação do planeta, com a administração do país e com a educação dos filhos, ou simplesmente escondendo-se atrás do jornal ou navegando pela Internet, o propósito de toda essa atividade frenética é fugir da intimidade. Essas atividades e hábitos — na realidade, compromissos — ocupam o espaço que poderia ser dedicado a uma relação.

Como os espiritualistas que estão sempre meditando e nunca descem da montanha para viverem a vida real, o Trabalhador Compulsivo está sempre como que à beira de um precipício, acampado à margem de um relacionamento de verdade. Em vez de um complemento para a sua vida, ele faz do trabalho um meio de fugir do prazer da intimidade.

Por que amamos o Trabalhador Compulsivo

Amamos as pessoas do tipo Trabalhador Compulsivo porque elas têm energia, trazem variedade para a nossa vida, nos fazem sentir que a vida é interessante e que vale a pena ser vivida, um banquete de possibilidades e atividades para nos servirmos à vontade.

Elas dão sabor à nossa vida e afastam nosso tédio. Elas nos inspiram com suas atividades bem planejadas e por parecerem fazer o impossível. Muitas vezes facilitam nossa vida com o que fazem: tiramos proveito das casas que elas constroem, de seus salários de seis dígitos, de seus conhecimentos de excelentes vinhos. Às vezes, chegam até a estruturar a nossa vida. Por serem eles mesmos tão centrados no trabalho, muitos Trabalhadores Compulsivos conseguem também ver com clareza o que devíamos estar fazendo e nos ajudar a escolher a melhor carreira. Ajudar, apesar de tudo o que já fazem, é para eles um refresco e uma satisfação, uma vez que, evidentemente, é mais trabalho, coisa que lhes agrada muito. As pessoas que têm dificuldade para saber o que querem da vida são particularmente atraídas para o mundo de atividade frenética do Trabalhador Compulsivo, porque nele não faltam metas nem propósitos.

Amamos também os Trabalhadores Compulsivos por terem força de vontade, lucidez e iniciativa. São excelentes provedores e, em geral, pessoas poderosas e muito interessantes.

Por que o Trabalhador Compulsivo nos irrita

O Trabalhador Compulsivo tem o hábito de manter todos a distância. Ele está sempre fazendo isso. Ele nunca deixa que parceiros em potencial, cônjuges e amigos se aproximem muito, uma vez que está sempre, de uma maneira ou de outra, evitando a intimidade.

Ficamos cansados de esperar que ele volte para casa, telefone ou tenha um fim de semana livre. Por estar sempre ocupado, ele nos faz sentir rejeitados, como se sua moto, a leitura do jornal, o índice Dow Jones, o planejamento do novo negócio ou a última pesquisa sobre os melhores spas do mundo fossem mais importantes para ele do que você. Nos seus piores dias, ele pode chegar ao ponto de nos fazer sentir desinteressantes e sem nenhum valor. Por fim, nos sentimos indesejados e inconvenientes.

O Trabalhador Compulsivo é também perito em fazer com que o parceiro se sinta culpado por reclamar de sua falta de atenção. Você não quer interromper o processo de aquecimento do planeta? Não quer que ele seja recompensado por seu trabalho árduo no desenho de um novo modelo de carro? Não se importa com o que vai ser das crianças? Se você protesta ou tenta explicar, provavelmente haverá discussão. E, é claro, ele sempre está com a razão, pelo menos na opinião dele. Por que, então, discutir? É só ver as coisas importantes que ele está fazendo.

O que realmente acontece com o Trabalhador Compulsivo

No plano psicológico, *a ferida emocional do Trabalhador Compulsivo é conseqüência do abandono*. Seja ele concreto, como a perda de um dos pais na infância, ou algo mais sutil, como a sensação de abandono causada, em muitos casos, pela compulsão por trabalho de um ou ambos os pais, a origem do comportamento do Trabalhador Compulsivo é uma profunda mágoa por ter sido abandonado, fato que, entretanto, nunca foi reconhecido nem sentido. Quando criança, ele não tinha recursos emocionais para lidar com o abandono e, por isso, ficou com uma mágoa não resolvida.

Quando adulto, em vez de sentir essa mágoa — passando pela raiva, pela dor, pelo perdão e pela aceitação, o que poderia levá-lo a livrar-se dela — o Trabalhador Compulsivo não se arrisca a entrar nas profundezas dessas águas emocionais. É como se ele tivesse percebido muito cedo que não se pode sentir e agir ao mesmo tempo e, portanto, escolheu a ação como meio de não sentir. Quanto mais ele vive, mais os sentimentos com os quais teria de lidar são recalcados e mais desesperadamente ele continua agindo para não sentir. Ele acaba reproduzindo na vida adulta o abandono que sentiu quando criança, ou abandonando as próprias emoções por meio do trabalho excessivo ou abandonando as pessoas que o amam com suas eternas ocupações e distrações.

Nem todas as pessoas desse tipo tiveram pais Trabalhadores Compulsivos. Algumas delas provêm de famílias excessivamente numerosas para que os pais pudessem dispensar atenção a cada um dos filhos. Ou talvez um dos filhos fosse deficiente, requerendo muita atenção enquanto os outros ficaram abandonados à própria sorte. Outras passaram pela experiência real do abandono — a ausência do pai, a mãe que foi embora — que lhes causou uma ferida profunda e uma mágoa não sentida.

Mas não é apenas o abandono físico que cria esses sentimentos de perda. Às vezes, pelo fato de os pais serem negligentes ou, com menos freqüência, superprotetores, os filhos se sentem *emocionalmente* abandonados. De qualquer maneira, não recebem dos pais o tipo de cuidado e atenção que necessitam e sentem que não têm nenhum porto seguro onde se refugiar.

Por exemplo, a mãe de Dick era emocionalmente tão distante que nunca preparou nada para ele comer, nunca lhe ensinou os cuidados básicos com a higiene pessoal e, quando maiorzinho, nunca lhe disse para escovar os dentes ou lavar os cabelos. Na adolescência, ele sentia-se isolado e era constantemente ridicularizado na escola por seu mau hálito, seu cabelo ensebado e suas roupas amarrotadas.

Jack, ao contrário, foi criado por uma mãe *e* uma avó sufocantes e superprotetoras. O pai dele estava sempre fora — adivinha onde? — trabalhando, é claro. A mãe e a avó nunca o deixavam sair de casa sem cachecol, pulôver, sapatos com os cordões amarrados e um lenço. Também não podia sair depois de escurecer. Nem ir à casa dos amigos. Para ele, tais atitudes representavam na verdade uma forma de abandono *emocional*, uma vez que a mãe e a avó não se importavam em estimular a independência de Jack. Ele não pôde contar com a ajuda delas para desenvolver sua própria personalidade. Tudo o que elas fizeram foi sufocá-lo.

Não demorou para Jack começar a inventar desculpas para afastar-se de casa — escola, trabalho, esportes, uma série de empregos. Aos 17 anos, ele foi embora de casa. Referindo-se à sua infância, ele disse que era como se *não* tivesse tido pais: seu pai nunca estava em casa, enquanto a mãe e a avó o "sufocavam". A única coisa que lhe proporcionava prazer era manter-se ocupado. Com exceção de todas as atividades que praticava, ele não tinha nenhum vínculo emocional com nada.

Qualquer que tenha sido sua forma, a experiência do abandono é dolorosa demais para o futuro Trabalhador Compulsivo, uma vez que a criança que é abandonada passa aos poucos a sentir que não merece amor e atenção. No início, esse sentimento pode ferir profundamente como uma dolorosa rejeição emocional, mas com as distrações contínuas ou a indiferença total dos pais, a criança passa a combater o sentimento de rejeição encontrando suas próprias distrações. "Ora, mamãe, eu entrei para o time, tenho de treinar. Não voltarei para jantar." Ou "Estou saindo com meus amigos", diz o adolescente, todas as noites. De um jeito ou de outro, ele também procura ter uma vida cheia de compromissos e distrações para não ter de sentir a dor que lhe causa a falta de vínculo emocional.

À medida que vai se tornando um Trabalhador Compulsivo, é comum ele criar distrações superficiais exatamente para não sentir o vazio de sua vida. Uma mulher desse tipo contou-me certa vez que, quando era pequena, costumava desarrumar todo seu quarto para depois ter de arrumá-lo de novo, evitando com isso sentir a dor que lhe causava o alcoolismo do pai. Outro contou que costumava ir para os charcos próximos de sua casa e ali ficava construindo castelos para não sentir a dor causada pela frieza emocional da mãe. Um outro ainda disse que estava sempre à procura de empregos com a desculpa de juntar dinheiro suficiente para ir a algum lugar especial, para não sentir a mágoa por seu pai estar lutando no Vietnã. De uma maneira ou de outra, essas crianças ocupadas tornam-se adultos Trabalhadores Compulsivos que abandonam os outros como eles próprios foram um dia abandonados.

À medida que esse padrão se aprofunda, o Trabalhador Compulsivo só consegue sentir que tem valor quando faz ou realiza alguma coisa. Quanto mais ocupado ele é, mais realizado ele acha que será. Como nunca vai mais fundo para ver se, de fato, sente-se realizado, ele continua com sua vida tão cheia de atividades que confunde ritmo febril e cansaço com satisfação.

Um ônus oculto pago pelo Trabalhador Compulsivo é o sentimento inconsciente de ser tudo o que ele faz. Como nunca confrontou seus sentimentos de perda e desejo de intimidade, ele pode chegar, levado pelo cansaço, a ter de enfrentar as questões apavorantes: "Tenho algum valor que não seja pelo que faço, pelas quinquilharias que acumulei ou pelas atividades com as quais estou sempre me ocupando?" "O que seria de mim se parasse de trabalhar?" O Trabalhador Compulsivo está sempre *fazendo* em lugar de *sendo*, agindo em lugar de sentindo, para evitar a dor que o contato com as emoções lhe traria.

A mágoa do Trabalhador Compulsivo é pela perda que sofreu. Essa mágoa tomou conta dele muito antes de ele ser capaz de entendê-la e, por isso, ele desenvolveu um padrão de adaptação a ela que lhe serviu da melhor maneira possível. Entrar na arena das relações emocionais era doloroso demais, porque, por mais que tenha tentado, isso não deu em nada. Ou não havia desde o início nenhuma possibilidade de solução: seus pais já haviam morrido e o abandonado. Ou a situação foi ficando cada vez pior: os pais eram muito ocupados para lhe dar a devida atenção. Não importa o que ele tenha feito quando criança, o fato é que, de uma maneira ou de outra, sentiu-se abandonado. Decepcionado desde o começo pelas limitadas possibilidades emocionais de suas primeiras relações, esse aprendiz de Trabalhador Compulsivo fez da distração um meio de evitar sentir a dor profunda causada pelo abandono.

Em grau menor, esse padrão evidencia-se quando a relação de um Trabalhador Compulsivo acaba. Em vez de sentir toda a dor até curar-se e poder amar de novo, o sofrimento lhe é tão insuportável que ele não consegue percorrer todo o caminho que o levaria à libertação emocional. Em lugar de fazer isso, ele procura distrair-se trabalhando ou entrando em outra relação, para não voltar a ser pego desprevenido por seus sentimentos.

O que diferencia o Trabalhador Compulsivo de todos os outros tipos

Como sabemos, todo ser humano tem tribulações de vez em quando e é afligido por circunstâncias que requerem sua atenção. Uma doença, uma crise familiar ou um projeto de trabalho que exija muita dedicação pode desviar a atenção de qualquer pessoa por um bom período de tempo. Mas o que diferencia o Trabalhador Compulsivo de todos os demais tipos é o fato de a distração ser para ele um *modus operandi*, ou seja, um modo de agir sempre, enquanto os outros têm a distração como contraponto a um modo de vida mais flexível.

No mundo conturbado de hoje, com todas as suas pressões, a compulsão pelo trabalho é a norma, e aqueles que andam num ritmo mais lento, que recusam-se a trabalhar além da conta ou a marcar vinte e cinco compromissos sociais para as próximas duas semanas, são vistos com desconfiança. A diferença é que os verdadeiros Trabalhadores Compulsivos não só escolhem, mas também vangloriam-se por fazerem disso um estilo de vida. Eles fazem do trabalho quase que sua única fonte de realização, enquanto os outros participam dessa corrida contra a vontade, fazendo de tudo para arranjar tempo para a intimidade que tanto desejam.

Os Trabalhadores Compulsivos provavelmente negariam que estão tentando evitar a intimidade emocional. Diriam que tudo o que fazem é necessário, essencial para o progresso de suas vidas e que, na verdade, se não o fizessem, não poderiam ter absolutamente nenhuma relação. "Você acha que eu gosto de ir para o trabalho?", eles podem argumentar, desviando o outro da verdadeira questão. "Você acha que gosto realmente de ir a todas essas reuniões?" "Mas eu *tenho de* tomar conta das crianças", insistem. "Não posso simplesmente sair e deixá-las sozinhas!" A diferença evidente é o fato de o Trabalhador Compulsivo estar sempre ocupado como meio de distrair-se, enquanto os outros fazem isso apenas de vez em quando.

O que o Trabalhador Compulsivo tem para nos ensinar

O Trabalhador Compulsivo nos mostra que há muitas coisas no mundo para se fazer: ter prazer, assumir responsabilidades e adquirir novos conhecimentos, por exemplo. Com suas inúmeras atividades pessoais, profissionais e recreativas, ele nos mostra o quanto a vida é complexa e, com isso, nos torna conscientes da riqueza e variedade de opções que temos a nosso dispor.

O Trabalhador Compulsivo também nos mostra que *podemos* colocar nossa atenção em várias coisas ao mesmo tempo e, com isso, realizar um grande número de atividades e projetos. Num mundo em que temos de atender ao telefone, ao fax, abrir a porta para as Testemunhas de Jeová, separar o lixo, colocando vidros, latas, jornais, garrafas e sacos plásticos cada um no seu devido lugar, ir à lavanderia, à tinturaria, ao supermercado, à academia de ginástica, à igreja aos domingos, etc., não é de todo mau aprender a fazer dez coisas ao mesmo tempo e passar de uma atividade à outra com a velocidade de uma flecha.

Diferentemente do Perfeccionista, que nunca consegue terminar algo (ou que nem chega a começar), o Trabalhador Compulsivo sabe o quanto é importante realizar algo. Ele mostra, especialmente aos tipos Exaltado e Sonhador, que às vezes é importante deixar os sentimentos de lado e simplesmente agir.

O que o Trabalhador Compulsivo precisa aprender sobre os relacionamentos

O Trabalhador Compulsivo precisa saber que relacionar-se é o melhor remédio para curar as emoções. Que é justamente quando ele arrisca-se a explorar suas emoções *no* relacionamento que as feridas profundas que o impediram durante toda a vida de explorá-las e expressá-las podem ser curadas. Como o Trabalhador Compulsivo evita acima de tudo as emoções, ele precisa aprender que as maiores dádivas que uma relação pode oferecer são o crescimento pessoal e a cura.

O que o Trabalhador Compulsivo tem a oportunidade de descobrir então é que a experiência do vínculo emocional é uma das melhores e mais gratificantes que podemos ter na vida. À medida que vai vencendo paulatinamente o medo da intimidade emocional, ele vai conseguindo perceber o surgimento da paz e da tranqüilidade em seu interior. Ele pode descobrir ainda que o vínculo emocional não traz uma mera satisfação, mas uma muito maior do que a resultante de toda essa busca frenética por ocupações.

Vivemos num contexto cultural no qual dizemos que estamos em busca de mais paz e tranqüilidade, mais lazer e relaxamento — e, sobretudo, de mais intimidade e sentido. Mas a parte nossa que tem medo — o Trabalhador Compulsivo em todos nós — está sempre remexendo o caldeirão e encrespando as águas, especialmente em nossas relações. Quanto mais capazes formos de mergulhar em nossas emoções, melhores e mais profundas serão as nossas relações.

O que o Trabalhador Compulsivo pode fazer para ter equilíbrio

Como o Trabalhador Compulsivo faz tudo para evitar ser de novo ferido emocionalmente, quer ele reconheça ou não o quanto um dia foi magoado, a cura advirá das experiências que lhe possibilitarão mergulhar lenta e cautelosamente no poço de suas emoções.

1. Dar-se um dia de folga.

O Trabalhador Compulsivo precisa identificar sua necessidade de ocupação como um vício. E precisa fazer um esforço contínuo para enfrentá-lo, livrar-se dele e encontrar outro modo de vida. Para isso, ele deve começar dando-se um dia de folga. Em outras palavras, reservar um dia livre de qualquer atividade. No começo, isso pode parecer estranho e provavelmente até incômodo. Se achar que um dia inteiro é muito, pode tentar meio dia. Ou uma hora. E nessa hora, fazer algo diferente, como, por exemplo, manter uma conversa na qual, em vez de planejar alguma atividade, fale de seus sentimentos. Por exemplo, fale sobre como se sente não fazendo nada. "Você continua gostando de mim, agora que não estamos mais esquiando?" "Você está gostando de estar aqui na cama tomando café e contemplando os raios de sol?" "O que você sonha para o resto da vida?" ou "Estou ansioso. Tudo isso é muito estranho. Quero me levantar para ler o jornal."

Se você é um típico Trabalhador Compulsivo vai notar que "não fazer nada" traz muita tensão. Exatamente como com qualquer outro vício — a abstenção de bebidas alcoólicas costuma fazer com que o viciado se sinta tão estranho a ponto de sentir um grande mal-estar. Reconheça que esse mal-estar é natural e procure conviver com ele. Repita para si mesmo que haverá algumas recompensas. Algumas delas serão assustadoras.

Por exemplo, há alguns anos eu deixei de fumar, hábito que tinha me proporcionado grande prazer, e ultimamente nem tanto, por muitos anos. Uma das descobertas mais surpreendentes que fiz depois que parei de fumar foi que meu tempo quase duplicou. Todos os dias eu olhava para o relógio esperando que o dia estivesse quase terminando e surpreendia-me diante da quantidade de horas que ainda restavam. No começo, isso me causou um grande mal-estar. O que ia fazer agora? Como conseguiria atravessar as primeiras horas da noite? Aos poucos, fui descobrindo que tinha mais tempo para ler, andar, bater papos agradáveis com os amigos, etc. Fumar tinha sido um excelente meio de distração. Sem ele, meu tempo "expandiu-se" e, de repente, começou a fluir. E nesse tempo maior, mais profundo e mais rico, experiências espiritualmente mais interessantes ocuparam o lugar do cigarro. Ao abrir mão dessa distração, eu criei espaço para mais profundidade e beleza em minha vida.

2. Tomar algumas medidas radicais.

Cancelar assinaturas de jornais e revistas, deixar de atender ao telefone, suspender o envio de todos aqueles catálogos repletos de guloseimas com os quais você se distrai olhando.

Para decidir o que cancelar, passe um dia fazendo uma lista das coisas que o mantêm ocupado. É o telefone? A correspondência? Outras pessoas? Os compromissos excessivos que lotam a agenda de tal maneira que a tornam quase ilegível? O que você faria se trocasse a agenda de 13 x 20 centímetros por uma de 5 x 8 centímetros? Conseguiria ajustar sua vida a ela? O que faria com o espaço livre?

3. Voltar-se para dentro de si.

O Trabalhador Compulsivo precisa passar do mundo exterior para o interior e descobrir que *dentro* há tanta riqueza quanto *fora*. Precisa perceber que sua vida emocional é por si só uma atividade, que seus sentimentos, no decorrer de um mesmo dia, podem ir do deleite ao pânico e ao contentamento sereno, à calma, ao medo, à raiva e ao sentimento de ter grande valor pelo que é.

Como o mundo das emoções é o que mais assusta o Trabalhador Compulsivo, qualquer passo em direção a esse mundo representa um avanço em direção à mudança e à cura. Por exemplo, da próxima vez em que estiver com seu parceiro ou pretendente, faça esse exercício. Revele três coisas fortuitas sobre si mesmo e, em seguida, encoraje a pessoa com quem está a revelar três coisas sobre ela mesma. Podem ser coisas banais como "Tenho alergia a camarão", ou profundas como "Meu irmão é *gay* e quando meus pais descobriram o rejeitaram. Até agora eles não sabem que ele vai morrer nem que estou cuidando dele num hospital para aidéticos". Qualquer que seja a revelação feita, ela representa algum movimento na direção das emoções.

Depois de ter feito suas revelações, peça à pessoa com quem está para responder rapidamente a cada uma delas: "Oh, isso é terrível!" ou "É interessante saber disso. E daí, você continuou tendo essa reação alérgica a camarões depois que ela surgiu?" Observe como se sente ao obter respostas como essas. Sente-se bem? Elas o assustam? Você gostaria de aprofundar mais? Se acha que sim, tente.

As revelações emocionais aprofundam o conhecimento um do outro. Depois de ter recebido as respostas às suas perguntas, procure responder com calma às revelações que a outra pessoa lhe fez. Observe como seu vínculo com a pessoa se aprofunda. É isso que é relacionar-se.

4. Compartilhar um outro tipo de experiência.

Uma vez que o Trabalhador Compulsivo é viciado em atividade, qualquer outra coisa costuma assustá-lo. No instante em que faz algo diferente com outra pessoa, ele vai entrar numa outra parte de sua psique. Por exemplo, em vez de jogarem golfe, meditem juntos. Em vez de fazerem amor, porque estão excitados, decidam ir ao cinema para assistirem tranqüilamente a um filme juntos. Em vez de ligarem a televisão, saiam de casa para darem uma volta pelo quarteirão. Tente ficar parado em vez de estar sempre se mexendo. Procure conversar em vez de ligar a televisão. Procure ficar parado em vez de agir. Quanto mais variar seu repertório, maiores serão as possibilidades de ter outras experiências sozinho ou com a pessoa que você ama.

5. Chorar. Pôr sua mágoa para fora. Sentir sua dor.

Como o Trabalhador Compulsivo sofreu alguma forma de abandono — real ou emocionalmente — essa é sua grande ferida. Para curá-la, ele terá de *senti-la*. A dor por esse tipo de perda não "passa" simplesmente e nem o tempo cura todas as feridas. Mas sentir a dor é algo que leva à cura. Sentir a dor é viver o processo de perda e poder sair dele renovado.

Se você é do tipo Trabalhador Compulsivo, você precisa entrar em contato com suas lágrimas. Por mais difícil que seja, faça isso. Deixe as lágrimas rolarem lentamente, esteja numa montanha, sentado sobre uma rocha, num grupo de terapia onde todos os outros membros o estimulam a soltar-se, ou ousando falar de sua dor com a pessoa que você ama, até que, aos poucos, sinta-se em segurança para poder chorar e deixar as lágrimas rolarem livremente.

Ian, que conseguiu finalmente entrar em contato com sua mágoa por ter tido uma mãe indiferente, disse que sentia como se seu coração fosse um balãozinho murcho em seu peito. Ele compreendeu que havia sentido uma vaga sensação de tristeza, como se estivesse a ponto de irromper em lágrimas, durante toda a infância, mas que foi só quando se apaixonou por Carolyn, e uma noite pegou-se chorando nos braços dela depois de terem feito amor, que ele percebeu a verdadeira dimensão de sua dor.

Nunca haverá distrações suficientes que possam fazer sua dor desaparecer, mas se entrar em contato e sentir toda a sua mágoa guardada, você poderá renascer para uma nova vida.

Meditação para o Trabalhador Compulsivo

Fui profundamente magoado quando criança. No fundo me senti abandonado. Isso feriu realmente o meu espírito. Agora eu só quero ser amado. Estou reduzindo o número de atividades para abrir espaço para o amor.

Afirmações para ter o equilíbrio

A vida é mais do que tudo isso com que me ocupo.
Amar também é um projeto e é mais importante do que todos os outros que eu possa fazer.
O amor é a maior das realizações.
Chorar faz bem.

O PERFECCIONISTA

"Se não é para fazer direito, melhor não fazer."

O Perfeccionista é uma pessoa do tipo Martha Stewart, que tem verdadeiro prazer em pôr ordem nas coisas — sejam os guardanapos na gaveta, as ferramentas na garagem ou a vida amorosa de cada um de seus amigos. Se você quer um trabalho bem-feito, chame um Perfeccionista. Ele é especialista em elaboração de planos, organização de arquivos e mestre em dizer aos outros o que devem fazer para se organizar ou se aperfeiçoar.

O Perfeccionista tem padrões incrivelmente altos. Na verdade, está sempre esforçando-se para alcançar um ideal invisível: a casa perfeita, o trabalho perfeito, o parceiro perfeito. O melhor dos Perfeccionistas também dá duro para alcançar a perfeição nos planos intelectual, emocional, financeiro e espiritual. O Perfeccionista é o melhor aluno, o chefe de família impecável, o empregado que realiza suas tarefas com perfeição. Ele é um trabalhador excelente nas áreas que exijam capacidade de organização e atenção aos detalhes, mas tende a sentir-se frustrado por não conseguir controlar todos os mínimos detalhes, tem dificuldades para delegar tarefas e fica arrasado quando alguém deixa de perceber uma falha.

O Perfeccionista não descansa. Não importa qual seja a situação, de um jeito ou de outro, ele está sempre querendo que as coisas sejam um pouquinho melhores. Numa relação, sempre quer que seja um pouco diferente: mais ou menos séria, ou que ela seja levada dessa ou daquela maneira. Seja com os horários, a ordem da casa, a educação dos filhos ou a disposição dos móveis, o Perfeccionista sempre tem uma idéia exata sobre como as coisas devem ser feitas, bem como uma visão do resultado perfeito. Se não tem uma relação, o perfeccionismo existente nele pode tomar a forma de um milhão de novas exigências que nenhum pretendente seria capaz de satisfazer. Como o Perfeccionista está sempre, de um jeito ou de outro, atrás de um ideal invisível, ele não consegue nunca estar em paz com o que existe na realidade. Não consegue nunca relaxar e deixar as coisas acontecerem naturalmente.

Sally casou-se assim que terminou a faculdade, com um sujeito legal e despreocupado que trabalhava arduamente. Juntos eles compraram e reformaram uma casa confortável, num bairro agradável. No entanto, ela estava sempre frustrada por ele não ser absolutamente perfeito: trabalhava um pouco demais, não mostrava muita disposição para falar sobre a relação, entulhava o armário do *hall* de entrada com suas velhas tralhas esportivas. De maneira que, depois de oito anos de casados, ela o deixou para sair à procura do Homem Perfeito, que não demorou para achar que havia encontrado.

Passados alguns meses, ela descobriu que esse também tinha alguns defeitos: era deprimido e bebia demais. Desafiada porém destemida, Sally estava convencida de que poderia transformá-lo e fez das dificuldades dele seu projeto, com um plano para a participação dele no grupo Alcoólicos Anônimos, uma mudança de emprego e remédios antidepressivos. Com a mesma competência e disposição com que havia criado sua extremamente bem-sucedida firma de prestação de serviços escriturários, ela procurou mudá-lo. Mas ele resistiu ao plano de aperfeiçoamento dela e, assim, depois de seis meses de insucesso (o que é totalmente inaceitável para um Perfeccionista), ela abandonou-o também.

Três anos depois, ainda sozinha, ela recusava-se a sair com quem quer que fosse, porque "Ninguém é perfeito".

Sinais reveladores do tipo Perfeccionista

- Acha que as coisas deveriam ser perfeitas.
- Tudo o que faz é de modo impecável.
- Pode ter dificuldades para assumir uma relação.
- Cobra muito de si mesmo e dos outros.
- Tem altos padrões de exigência, para tudo.
- Quando está numa relação, está sempre "se esforçando para aperfeiçoá-la".
- Tende a ser deprimido.

Um olhar mais atento: características típicas do Perfeccionista

1. O Perfeccionista cobra muito de si mesmo.

O Perfeccionista tem altos padrões de exigência que impõe a si mesmo. Não importa o que esteja fazendo, se trabalhando, cozinhando ou jogando, ele tem de fazê-lo "com perfeição". Se o suflê murcha, se o amigo não adora o presente dado por ele ou se sua jogada não alcança o alvo, ele acha que fracassou totalmente. Por isso, o Perfeccionista só pode fazer aquilo em que é o melhor e, assim, perde a oportunidade de explorar todas as áreas da vida nas quais não é perfeito. É, portanto, superdesenvolvido em algumas áreas, mas seu campo de possibilidades pode ficar restrito. É também extremamente difícil fazer com que ele experimente algo novo, uma vez que ele não suporta passar pelos estágios de aprendizagem, no quais todos nós cometemos muitos erros.

Cada Perfeccionista costuma escolher algumas áreas específicas para exercer o seu perfeccionismo: alguns necessitam do *trabalho* para serem perfeitos, mas podem viver em ambientes precários; outros colocam seu perfeccionismo em sua casa, no cônjuge ou nos filhos. E outros ainda são exigentes em tudo, precisando de tudo o que têm — trabalho, relações e filhos — para serem perfeitos, além de suas casas, guarda-roupas, caixas de ferramentas e carros, etc.

Qualquer que seja seu padrão particular de perfeccionismo, no fundo o Perfeccionista não consegue relaxar nem descansar. Ele acha que precisa ficar sempre alerta para estar seguro de que a vida — sua casa, seu trabalho e sua relação — não está fugindo ao seu controle. Por isso, ele está sempre um pouco ansioso, uma vez que a vida, é claro, não pode ser controlada.

2. Ninguém corresponde inteiramente ao seu padrão de exigências.

Não importa quem ele acabe escolhendo, ninguém está totalmente à sua altura. Um conhecido meu de 36 anos, e que continua solteiro, procurou por todos os métodos conhecidos, encontrar uma mulher com quem se casar, em grande parte com o incentivo da mãe. Tentou namorar a secretária do pai, procurou um serviço de encontros pela televisão, foi a encontros com mulheres que ainda nem conhecia, fez com que o marido de sua irmã o colocasse em contato com uma garota que conhecia, colocou anúncios em publicações especializadas, entrou para o Sierra Club, freqüentou bares e fez tudo o que todos os manuais sobre o assunto do mundo dizem ser importante para encontrar a mulher de seus sonhos.

Conheceu centenas de garotas, e a cada encontro que ia o coração de sua mãe palpitava de excitação, mas em todas elas ele viu algo de errado. Não importava que qualidades positivas elas apresentassem para uma possível relação, tudo o que ele encontrava para dizer era: "Não suporto o esmalte azul das unhas dela", "Não consigo sair com alguém que fuma", "Ela não quer ter filhos", "Ela quer ter filhos já!", "Ela é velha demais para mim", "É jovem demais", "É baixa demais", "É alta demais", "O nariz dela é esquisito", "Ela larga as toalhas no piso do banheiro".

Como esse homem, os Perfeccionistas sempre conseguem encontrar algo de errado em todo mundo. Portanto, ninguém serve realmente para ele. Como o que diz o professor Higgins, "Por que a mulher não pode ser mais parecida com o homem?", o Perfeccionista diz, "Por que a mulher — e o resto do mundo – não pode estar mais à altura de meu ideal de perfeição?"

3. O Perfeccionista está sempre interessado em aperfeiçoar as pessoas.

Quando um Perfeccionista escolhe uma pessoa para parceiro, de uma maneira ou de outra, ele fará dela um projeto, já que é a possibilidade de perfeição — ou pelo menos de aperfeiçoamento — da outra pessoa que o atrai, em primeiro lugar. Uma amiga minha foi casada duas vezes. Segundo ela, sentiu-se atraída pelo primeiro marido "porque ele era inteligente e amável". Muitas outras pessoas consideravam-no arrogante, mas ela conseguiu enxergar além da superfície seu lado delicado e "simplesmente soube que podia ajudá-lo a manifestar essa qualidade". Depois de quatorze anos de brigas, e de constantes tentativas dela para torná-lo mais delicado, amável e gentil, ele se cansou e foi embora com outra mulher. Hoje ela está casada com um homem cujo potencial de artista nunca se realizou plenamente. De novo, ela está certa de que pode ajudá-lo a "tornar-se o que ele realmente é".

Outro conhecido meu casou-se com uma mulher que, por ter um belo rosto e uma personalidade brilhante, costumava elevar seu habitual baixo-astral. Ela era excessivamente gorda, mas ele "podia ver a estátua de uma deusa em seu interior, aguardando o momento de se manifestar". Isso não aconteceu, é claro, apesar dos regimes e dietas que ele vivia programando para ela. Por fim, cansado dos constrangimentos que sofria a cada vez que saía com ela e compreendendo que seus esforços eram em vão, ele acabou deixando-a.

Como esse homem, a maioria dos Perfeccionistas gosta mais do *projeto* de aperfeiçoar a pessoa que ama do que da própria pessoa. E as pouquíssimas qualidades que tornam a pessoa atraente para ele não são, na verdade, as que mantêm um relacionamento.

4. O Perfeccionista sempre se decepciona em seus relacionamentos. Todas as pessoas que ele ama o "traem".

Como a pessoa que ele ama tem de ser absolutamente perfeita, mais cedo ou mais tarde ele acaba se decepcionando com ela ou sendo traído. Isso porque a vida não é perfeita, assim como nenhuma pessoa é, e em algum momento, todas as pessoas imperfeitas que o Perfeccionista ama criarão uma situação na qual o inaceitável, ou seja, algo absolutamente normal, ocorrerá.

Uma encantadora Perfeccionista, conhecida minha, contou-me que simplesmente "teve de" terminar a relação com o namorado porque ele perdeu sua sacola de praia. Ela tinha essa sacola há vários anos e um dia, quando estavam juntos no carro, tiveram um terrível azar. O carro bateu num buraco que havia na estrada e um dos pneus soltou-se. Enquanto esperavam que alguém os socorresse, ela tirou sua sacola do carro e deixou-a à margem da estrada. Finalmente, um estranho parou e ajudou-os a voltar para casa. Muitas horas depois, quando estavam jantando, ela percebeu que sua sacola havia desaparecido e enfureceu-se com o namorado: "Como você pôde fazer isso comigo?" ela perguntou. "Agora que estou percebendo o quando você é descuidado, sei que não posso me casar com você".

Nem a particularidade da situação que haviam enfrentado nem o fato de ter sido ela mesma que havia deixado a sacola à margem da estrada foram considerados por ela. De alguma maneira seu namorado fora o responsável. Ele devia ser perfeito, independentemente da complexidade da situação.

De maneira parecida, quando Bob ia fazer uma viagem com a namorada, pediu a ela que fizesse as reservas um tanto quanto complicadas para um vôo de três escalas de Los Angeles para Cingapura. Bob alterou os planos tantas vezes, insistindo a cada vez com Maggie para que telefonasse para a companhia aérea e fizesse as alterações, que quando eles finalmente chegaram à primeira escala da viagem, seus bilhetes tinham sido alterados de maneira tal que não correspondiam a seus últimos planos.

"Como você pôde fazer isso?" ele explodiu. "Eu disse mil vezes que queria ir de Los Angeles para Honolulu e de lá para Cingapura."

"De acordo", ela respondeu. "Você me disse mil vezes. Eu não consigo me ajustar a tanto!"

"Bem, mas você não devia simplesmente saber?" Bob retrucou.

"Mas não sei", Maggie respondeu. "Não sei ler sua mente!" Por mais absurda que fosse a expectativa de perfeccionismo contida na pergunta, "Bem, mas você não devia simplesmente saber?", Bob, um Perfeccionista consumado, esperava que Maggie satisfizesse qualquer capricho seu. É por isso que ele se sentiu no direito de ficar furioso.

5. O Perfeccionista tende a ser deprimido.

Como o Perfeccionista age com base no princípio de que a perfeição *pode ser alcançada*, os fatos sempre o decepcionam. O copo está sempre meio-vazio em vez de meio-cheio. "Se não é uma coisa, é outra!" ele diz com pesar e desgosto, como se a essa altura todas as pequenas, e também grandes, imperfeições devessem ter sido apagadas. Esse reparo é conseqüência do esforço para ajustar a vida aos padrões inalcançáveis de perfeição que o Perfeccionista empedernido acredita, se não consciente pelo menos inconscientemente, serem possíveis.

Como seus padrões são excessivamente altos, a vida nunca consegue satisfazê-lo, nem as pessoas que ele ama. Em vez de valorizar o que tem (o copo pela metade ou a vida como ela é), ele vive em constante estado de semidepressão, porque a vida nunca é o que, de acordo com suas exigências, deveria ser. Além disso, todas as dificuldades e decepções normais da vida (para não falar nas ocasionais explosões e palavras ásperas) parecem ser afrontas pessoais a ele: "Por que o pneu tinha de furar justo comigo?" "Como deixei escapar aquele defeito?" "Como ela pôde fazer isso comigo?" "Como ele ousou chegar vinte minutos atrasado ao nosso encontro?" "Como ela pôde me dizer que não gostou da minha gravata?"

O Perfeccionista não fica triste apenas por um momento. Parece que uma nuvem negra de depressão se abate sobre ele e o acompanha em todas as variadas e decididamente imperfeitas vicissitudes da vida. A vida não é perfeita, por mais que ele queira. Por isso, ele está sempre um pouco deprimido. É extremamente difícil para ele aceitar a vida como ela é por ser incapaz de reconhecer que isso é o melhor que ela pode ser e que esse melhor basta.

Por que amamos o Perfeccionista

Sentimos atração pelo Perfeccionista exatamente porque ele busca a perfeição. Ele nos inspira e nos fascina com sua paciência, força de vontade e determinação, e também por sua capacidade de perseguir uma meta até alcançar a perfeição. Por seu empenho, sua disposição de despender duas vezes mais tempo e quatro vezes mais esforço que um mortal comum para colocar seu arquivo em perfeita ordem, pintar o banheiro sem derramar um pingo de tinta no chão, saber onde se encontra exatamente cada uma de suas coisas, conversar sobre os problemas da relação até que seja encontrada a solução perfeita ou imaginar as férias perfeitas, ele nos estimula a lutar para sermos o melhor possível. Com isso, ele eleva nossos padrões de gostos e comportamentos.

Nós o amamos porque ele nos faz lembrar que, em algum lugar distante, existe um ideal invisível, um exemplo maior e mais belo do que somos capazes de enxergar. Podemos não enxergá-lo no momento, mas reconhecendo que ele existe, mesmo que em esferas invisíveis, o Perfeccionista desperta nossa consciência para o plano espiritual, onde a perfeição, de fato, existe.

Por que o Perfeccionista nos irrita

O Perfeccionista afasta as pessoas que atrai e, por suas constantes colocações e recolocações de exigências, frustra o cônjuge ou namorado porque nada do que fazem o satisfaz. Como disse um Perfeccionista no início de uma nova relação: "Agora você pode concordar com todas as minhas explicações sobre como pôr a mesa ou guardar as latas de tinta, mas passado algum tempo, elas deixarão você furiosa". Ele estava certo. A verdade é que essa constante insistência em manter tudo em perfeita ordem acaba tornando-se irritante e exaustiva.

Cecília era uma Perfeccionista exigente a ponto de ser cruel consigo mesma e com todas as pessoas próximas. Quando finalmente se casou, era insistente em suas exigências. Por seu marido não ser "suficientemente emotivo", ela obrigou-o a fazer terapia e, por não ser suficientemente bem-sucedido, forçou-o a mudar de emprego. Ela não gostava da casa em que foram morar quando se casaram e, primeiro, insistiu para que a reformassem e, depois, que a vendessem e comprassem uma maior, melhor e que custava o dobro do preço.

Cansado de satisfazer suas exigências perfeccionistas, o marido teve um ataque cardíaco. Ela então concluiu que ele nunca fora suficientemente forte para ser seu marido e abandonou-o antes mesmo de ele terse recuperado totalmente.

O perfeccionismo é um caminho que não leva a lugar algum. É a procura incessante por um lugar ilusório. A não ser que o Perfeccionista consiga descer à terra e enfrentar a vida real, com todas as suas soluções imperfeitas e provisórias, ele acabará esgotado e esgotando todos a seu redor.

O que realmente acontece com o Perfeccionista

A maioria dos perfeccionistas teve pais que, enquanto um era perfeccionista, o outro era descontrolado: por exemplo, um viciado em drogas ou em sexo, alcoólatra, histérico, jogador compulsivo ou maníaco-depressivo. Em conseqüência do comportamento da mãe ou do pai caótico, o mundo de sua infância perdeu o controle e, seguindo o exemplo da parte perfeccionista, ele decidiu que sua tarefa era tentar tornar perfeita pelo menos uma parte dele. Mas como isso obviamente não foi possível, ele acabou condenando-se ao fracasso. *A ferida emocional do Perfeccionista é uma profunda falta de segurança* e o mecanismo que ele desenvolveu para lidar com ela foi tornar-se hiper-responsável.

Membro de uma família de oito filhos, Ruth cresceu num ambiente caótico, onde sua mãe estava sempre falando na perfeição do céu — a vida após a morte — e o pai era um alcoólatra desvairado. A mãe ensinou-lhe pelo exemplo que nenhum problema era insuperável. Estava sempre arrumando a desordem feita pelo marido, sempre protegendo-o com desculpas quando estava com ressaca demais para ir trabalhar, fazendo com que os filhos ficassem quietos quando ele estava embriagado e tentando manter a casa o mais arrumada possível para que ele não tivesse nada para reclamar (o que era muito difícil com toda a criançada correndo pela casa).

Ruth a ajudava no que podia, mas decidida a não esperar até a morte para começar a ter uma vida maravilhosa, aos 16 anos ela saiu de casa. Foi à luta e encontrou um trabalho e arranjou um apartamento para morar sozinha, pintou-o de rosa e decorou-o ao estilo de *House Beautiful*. Morando sozinha, ela pôde provar sua capacidade para manter tudo perfeitamente em ordem e desfrutar um ambiente calmo e tranqüilo, depois de ter vivido junto com uma família de dez pessoas. Devido à sua atenção meticulosa aos detalhes, ela tornou-se uma excelente secretária, solicitada a secretariar homens em posições cada vez mais altas, numa importante empresa do ramo da eletrônica. Acabou casando-se com um alto executivo que se apaixonou por ela.

O sucesso que teve para mudar a sua sorte levou-a a acreditar que o céu era o limite. Estava nas alturas e, por isso, quando seu filho Roy nasceu, decidiu que ele seria o filho "perfeito". Decorou para ele um quarto perfeito em sua casa perfeita e esperou que ele crescesse e se tornasse perfeito.

Entretanto, com o passar do tempo, surgiram dois problemas: Roy, que tinha os mesmos interesses do pai em eletrônica, costumava fazer uma grande bagunça em seu quarto e isso deixava Ruth furiosa. Estava sempre entrando no quarto dele, abrindo suas gavetas e dizendo-lhe como tudo devia ser mantido em ordem. Seu marido também acabou revelando suas imperfeições. Embora nunca bebesse em excesso, ele costumava tomar um ou dois copos de vinho em alguns raros encontros de negócios. Isso era, é claro, inaceitável para Ruth, que não podia deixar de repreendê-lo duramente. Ela acabou se indispondo tanto com ambos que o filho deixou de falar com ela e o marido, depois de dezoito anos fazendo tudo para agradá-la, deixou-a.

Nem todos os Perfeccionistas tiveram um pai ou uma mãe perfeccionista. Na verdade, muitos deles foram obrigados a assumir o papel de um dos pais em idade muito precoce. Isso torna-se necessário no caso de morte, separação, compulsão por trabalho, doença mental ou vício, quando um dos pais não cumpre seu papel. É então que o pequeno Perfeccionista entra em cena para assumir o lugar do pai ou da mãe ausente. Em alguns casos, ele chega a assumir o papel emocional do cônjuge para a mãe ou pai solitário. Isso pode acontecer porque ele ou ela prefere recorrer ao filho do que ao cônjuge ou por não ter mais o cônjuge. Qualquer que seja a situação, esse filho, ao perceber a lacuna e achar que deveria ser capaz de preenchê-la, assume cedo demais o papel de adulto.

Por exemplo, Ann perdeu o pai quando tinha 5 anos. A mãe, extremamente nervosa, ficou arrasada e, incapaz de tomar conta de si mesma, passou a apoiar-se na pequena Ann, pedindo-lhe conselhos para cada decisão que tinha de tomar. Embora não fosse obviamente capaz de exercer esse papel, Ann esforçava-se corajosamente para ser a conselheira, companheira e confidente da mãe, tornando-se tão Perfeccionista que, na idade adulta, não conseguia manter um emprego porque receava demais cometer erros.

Também Katy tornou-se "mãe" de seu irmão e irmã mais novos, porque a mãe era alcoólatra e o pai, que era médico rural, raramente chegava em casa antes do jantar ou da hora dos irmãos dela irem para a cama. Enquanto ele fazia seu trabalho no mundo, Katy respondia por ele em casa, cuidando de sua esposa e de seus filhos pequenos.

Qualquer que seja a configuração particular de sua família, os esforços do Perfeccionista são um meio de compensar a dinâmica da família que fez com que ele sentisse que seu mundo estava fora de controle. Por ter percebido o que estava acontecendo, ele sentiu-se responsável pela retomada do controle. É esse sentimento de ser responsável por tudo que oprime todos os Perfeccionistas.

Como toda criança espera, com razão, de seus pais a provisão de um mundo previsível e ordenado, quando isso não acontece, o único modo de ela entender o que está acontecendo é acreditar que, de alguma maneira, o erro foi *seu* e que, por isso, terá de corrigi-lo. Ela faz isso porque enfrentar o fato de seu mundo estar de algum modo realmente fora do controle — sua mãe tem *de fato* explosões imprevisíveis, seu pai *realmente* passa dias inteiros bebendo — é insuportavelmente aterrorizante.

No fundo, o Perfeccionista sente uma profunda falta de segurança e procura manter em pé seu mundo a ponto de soçobrar no caos com a tenacidade de seus esforços. Por isso, ele é extremamente responsável. Como as pessoas que sofrem de distúrbios resultantes de traumas, o Perfeccionista não consegue nunca baixar a guarda, pois acredita que, se não estiver atento o tempo todo às circunstâncias tanto de sua própria vida quanto dos outros ao seu redor, todas as desgraças se abaterão sobre ele. Ele esfalfa-se na tentativa de controlar tudo e prevenir-se contra todos os infortúnios possíveis.

Kevin, o primeiro filho de uma família de cinco, sendo os outros quatro do sexo feminino, assumiu muito cedo essa responsabilidade. O pai de Kevin, um vendedor, estava sempre viajando e, como Kevin acabou descobrindo, tinha uma série de relacionamentos extraconjugais em todos os pontos de beira de estrada em que costumava parar. A Kevin coube a tarefa de ajudar a mãe a administrar a casa — e a cuidar das meninas. Estava sempre preocupado com elas. Toda vez que saía com uma ou mais irmãs, ele verificava se as rodas de suas bicicletas não estavam soltas ou se o galho suspenso de uma árvore no jardim diante da casa não estava justamente numa altura que pudesse bater nos olhos delas ou se nenhuma delas tinha deixado os patins na entrada e alguma outra pudesse tropeçar neles.

Hoje, como adulto, ele age da mesma maneira com as namoradas, sempre alerta, impedindo-as de pisar em poças d'água, fechando as janelas do carro para que não se resfriem ou deixando-as abertas apenas o suficiente para que tenham um pouco de ar fresco, lembrando-as de levarem um casaco e pegando na mão delas ao atravessarem a rua. Embora a maioria delas aprecie sua atenção aos detalhes, ele diz que algumas manifestaram desagrado. Como admite a si mesmo, ele chega a ficar tão cansado de prestar atenção a todos esses pequenos detalhes que às vezes simplesmente é obrigado a parar e dar um tempo em seus relacionamentos.

O que diferencia o Perfeccionista de todos os outros tipos

O que diferencia o Perfeccionista de todos os demais tipos é o fato de ele nunca conseguir estar satisfeito, enquanto a maioria de nós consegue, pelo menos por algum tempo. Quase todos nós, apesar de algumas decepções, limitações ou imperfeições perceptíveis, *ficamos* em geral satisfeitos com uma relação imperfeita, porque no fundo sabemos que não existe nenhuma relação perfeita. Ou, ficamos satisfeitos com a vida e suas muitas imperfeições, porque sabemos que é assim mesmo.

O Perfeccionista costuma generalizar. Isto é, uma pessoa que é Perfeccionista em uma área, pode também buscar a perfeição em outras áreas da vida, mesmo que não tenha se desenvolvido nelas. Por exemplo, a pessoa que gosta de ter suas gavetas em perfeita ordem, inconscientemente também espera ter uma relação perfeita, uma casa perfeita, um emprego perfeito, um círculo de amizades perfeitas e férias perfeitas. E, como o Perfeccionista costuma generalizar, ele está sempre se frustrando não apenas nas áreas da vida em que tem talento suficiente para alcançar algo próximo da perfeição, mas também em todas as outras áreas em que não tem.

As pessoas dos outros tipos aceitam a provisoriedade em todas as áreas da vida. Ou seja, sabemos que em cada área da vida há um certo ponto em que está bem como está — a relação está bem como está, o apartamento é suficientemente bom, as férias são suficientemente boas. E, quando se trata de relacionamentos, sabemos que alguém é suficientemente bom como parceiro, namorado, amigo ou filho para merecer nosso amor, e suficientemente agradável para querermos estar com ele.

O que o Perfeccionista tem para nos ensinar

Em todas as áreas em que exercem seus perfeccionismos, os Perfeccionistas tornam o mundo um lugar melhor, mais belo e mais sólido. Oferecem-nos uma visão de como ele "poderia ser".

É por isso que, de todos os outros tipos de personalidade, o Perfeccionista é dos amantes idealistas, que procuram levar tudo para o plano de um ideal invisível. Ele nos lembra que a situação sempre *poderia* ser melhor, mais agradável, mais harmoniosa, mais bem planejada, organizada e controlada, mais eficiente e mais bela do que a visualizamos ou a arranjamos no momento. Insiste em que ele mesmo poderia ser mais forte, mais generoso, mais honesto emocionalmente e mais consciente espiritualmente.

Por seus padrões e critérios, por sua eterna busca da perfeição, eles nos ajudam a tomar consciência de que, em algum lugar distante, existe um ideal que todos nós estamos buscando. A maioria de nós perdeu de vista esse ideal e desistiu até mesmo de fazer qualquer esforço para alcançá-lo. Mas esse Buscador da Perfeição, com sua convicção de que ela pode e deve ser alcançada (e com sua força de vontade para persegui-la), nos lembra que, na realidade, as coisas poderiam ser muitos melhores do que são.

O que o Perfeccionista precisa aprender sobre os relacionamentos

O Perfeccionista precisa aprender que ninguém é perfeito, nem ele mesmo. Por mais que se esforcem, por mais perfeitamente que dobrem os guardanapos e guardem os apetrechos de acampar, ou por melhor que analisem a situação, as outras pessoas não conseguem ser totalmente perfeitas. Elas podem melhorar. Podem mudar um pouco, se quiserem, mas em geral acabarão fazendo o que querem e quando querem, e ele é responsável apenas por si mesmo.

Quanto mais o Perfeccionista conseguir firmar-se na consciência de que as coisas estão bem exatamente como estão, quanto mais ele conseguir perceber que uma relação é mais do simplesmente tê-la em perfeita ordem, mais ele será capaz de desfrutá-la. Em vez de ser um projeto, mais uma série de responsabilidades, a relação pode ser um lugar de descanso. Dispondo-se a ter mais experiências sobre as quais não é responsável, ele pode descobrir os prazeres da espontaneidade, as alegrias da irresponsabilidade, os acasos felizes que podem pegá-lo de surpresa.

O Perfeccionista precisa também saber que, numa relação, enquanto *algumas* coisas podem ser perfeitas, outras são imperfeitas ou medíocres e algumas outras poucas são totalmente desprezíveis. Essa é, em média, a composição comum própria de toda *boa* relação.

O que o Perfeccionista pode fazer para ter equilíbrio

1. Ser mais flexível.

Para aceitar melhor as imperfeições da vida, ele tem de fazer duas coisas: a primeira é tentar aceitar um pouquinho mais a pessoa com quem está tendo uma relação (e todas as outras que podem entrar no seu círculo como parceiros ou namorados em potencial). Quando os fatos demonstrarem que seu parceiro não é perfeito ou que o encontro não vai ser perfeito — ela está vinte minutos atrasada, ele não trouxe flores, ela esqueceu de buscar as roupas na tinturaria — ele deve dizer para si mesmo: "Todo mundo tem direito de cometer erros".

O Perfeccionista tem a tendência de transformar qualquer ninharia — o esquecimento de pegar a roupa na lavanderia — em caos generalizado. Ele acha que, se deixar passar o esquecimento de pegar uma simples camisa na lavanderia, estará escorregando de volta à infância, com bêbados dançando sobre a mesa, em roupas de baixo e ameaçando espancá-lo. Se disser a si mesmo, sempre que algo assim acontecer: "Todo mundo tem direito de cometer erros", ele estará interrompendo o processo de generalização e se atendo ao probleminha específico do momento.

Por ter grande necessidade de controlar tudo, é também importante que ele deixe o parceiro assumir o controle de vez em quando. Deixe que ele ou ela o leve a um piquenique, que planeje um fim de semana fora, que o surpreenda com com um ato de amor espontâneo. Quanto mais ele abandonar o controle, mais fácil ficará e mais ele poderá perceber que a relação é mais do que conceber um plano genial para resolver todas as suas imperfeições.

2. Concentrar-se nos aspectos positivos da pessoa com quem está se relacionando e dizer o quanto a valoriza por isso.

É impossível alguém estar em dois lugares ao mesmo tempo. É impossível alguém ser amoroso e crítico ao mesmo tempo. Para passar a aceitar melhor o modo de ser da outra pessoa e aumentar a capacidade de amar, o Perfeccionista deve tentar expressar a sua apreciação. Todo mundo tem algo digno de ser apreciado. Em lugar de começar com o copo meio vazio ou com o que Suzie tem de errado, ele deve começar observando o que ela tem de bom e dizê-lo em voz alta.

Começamos a acreditar naquilo que ouvimos nós mesmos dizer e, quanto mais vezes nos ouvimos dizendo a mesma coisa, mais forte será a nossa crença. É fácil para o Perfeccionista expressar seus ressentimentos: "Você não fez..." "Você nunca vai..." "Você não..." "Por que você não pode..." Mas é exatamente quando ele está expressando seus ressentimentos que suas apreciações também ficarão, por contraste, mais claramente visíveis. Na verdade, é um fenômeno psicológico natural a apreciação sempre vir depois do ressentimento. Ao reclamar dos constantes atrasos de Susie aos encontros, de repente ele se lembra da beleza com que ela sempre aparece. Em lugar de centrar-se nas imperfeições dela, subitamente ele percebe o quanto ele é feliz por tê-la ali.

Esse exercício é, portanto, constituído de duas partes. A primeira é, quando pegar-se expressando um ressentimento, passar imediatamente a expressar um elogio. Por exemplo, "Você é tão sensível que detesto sair com você, pois fico sempre receando que você desande a chorar... Por outro lado, foi realmente maravilhoso ver como o casamento de Ryan e Cheryl deixou você emocionada. Gostaria de poder sentir emoções tão intensas quanto as suas".

A segunda é elogiar a pessoa. Ao fazer isso, ele ouvirá a si mesmo dizendo em voz alta por que está com a pessoa. "Você tem um ótimo senso de humor. Suas mensagens na secretária eletrônica são divertidíssimas." "Você é um(a) amante maravilhoso(a)." "Adoro conversar com você. Você sempre contribui com um ponto de vista novo e surpreendente." "Você é tão calmo(a). Quando você está comigo, sinto que tudo vai ficar bem."

3. Praticar a gratidão.

Como exercício para superar o perfeccionismo, fazer no final de cada dia uma lista das coisas pelas quais sente gratidão. A maioria dos Perfeccionistas chega ao final de cada dia com um sentimento de contrariedade — pelas coisas que não deram certo, pelo que fizeram de errado, pelo que seus subordinados fizeram de errado, não lidando adequadamente com uma certa situação ou, mais comumente, como o chefe, a esposa ou um filho não teve a resposta adequada a uma determinada situação — ou com uma terrível explosão contra tudo o que há de errado no mundo. E também fazendo uma lista do que terá de fazer no dia seguinte.

Tudo isso costuma deixá-lo com um sentimento negativo. Se acabar o dia expressando suas apreciações, ele verá que, mesmo que nem tudo tenha sido perfeito, muitas coisas foram razoavelmente boas. Talvez até mesmo maravilhosas. Ao perceber isso, ele se tornará mais flexível consigo mesmo e com os outros ao seu redor.

4. Cultivar uma prática espiritual.

A insegurança do Perfeccionista advém do fato de ele viver sempre sob pressão por acreditar que é responsável por tudo, apesar de, no fundo, saber que não pode fazer tudo com perfeição. Só Deus pode fazer isso e é por isso que, mais cedo ou mais tarde, ele terá de entregar essa responsabilidade a uma força maior do que ele mesmo. Quer a chame de Deus, ser divino, poder maior, Força ou Destino, entregando-se a ela, ele ficará cada vez mais aliviado.

Para muitos Perfeccionistas é muito difícil acreditar num poder superior, uma vez que na infância viveram a experiência de um mundo caótico. Se Deus existia, não estava em nenhum lugar visível. Além disso, por terem sido tão responsáveis por tanto tempo, comumente desde muito pequenos, a responsabilidade tornou-se um vício arraigado neles. Como todos os outros viciados, eles têm de se livrar dessa droga — a responsabilidade — e se entregarem a algo maior que eles mesmos.

Mesmo que não acredite em Deus, e lhe seja difícil aceitar até mesmo a idéia de um poder superior, ele pode assim mesmo começar sua prática espiritual, colocando-se sistematicamente em situações que lhe provoquem sentimentos de assombro e admiração. Talvez pelo contato com a natureza, contemplando uma montanha que sempre esteve ali ou caminhando ao longo de uma praia e admirando as ondas do mar em seu eterno movimento. Pode-se encontrar Deus caminhando ou surfando. A consciência desse poder superior pode também surgir quando a pessoa se entrega a um trabalho voluntário — como num asilo, por exemplo, onde ela pode observar os mistérios da morte, ou num hospital, onde pode ser tocada pelos milagres da cura. Se nada disso o atrai, ele pode começar fazendo uma prática espiritual muito simples, como a meditação ou o cântico. Essas práticas podem de fato alterar o funcionamento do sistema nervoso, trazendo com o tempo uma sensação de mais paz interior.

E, acima de tudo, o Perfeccionista precisa render-se à simples verdade de que não há nenhuma garantia na vida — por mais que ele queira — e reconhecer que ele mesmo não pode criar segurança. Além disso, ele precisa também lembrar que a vida em geral não é tão caótica quanto ele teme. Existe uma segurança além da segurança que ele mesmo pode prover. Mas ele só descobrirá isso quando confiar sua vida a um poder maior do que ele mesmo.

Meditação para o Perfeccionista

Tudo bem, eu me rendo. Estou pronto para deixar de querer controlar o mundo. Quero relaxar. Por favor (por favor, por favor) ajude-me a deixar de ser responsável por tudo. Por favor, ajude-me a relaxar e me contentar com a vida como ela é. E, a propósito, obrigado por todo o amor que recebo e por todos os relacionamentos que tenho.

Afirmações para ter equilíbrio

Ninguém é perfeito.
Errar é humano.
Não sou responsável por tudo o que acontece.
Alguém mais está no controle.
Estou em segurança.

O SONHADOR

" Tudo será melhor quando..."

O Sonhador é o tipo de pessoa de natureza romântica e encantadora. Ele acredita em momentos mágicos, em amores escrito nas estrelas, em futuros maravilhosos e em sonhos impossíveis. Acredita que, além do arco-íris existe um pote de ouro e chora com os finais felizes dos filmes de Hollywood. Com seu romantismo exaltado, ele quase leva todos nós a acreditar nessas coisas.

A esperança está sempre se renovando no coração do Sonhador enquanto ele vai tecendo as mais belas imagens dos melhores resultados possíveis. É um prazer estar com ele, porque ele está sempre prestes a ficar rico, a partir para uma aventura maravilhosa, a ser descoberto como o excelente fotógrafo que é ou a encontrar a mulher de seus sonhos. Ela não conheceu simplesmente um homem, mas o mais lindo e atraente do mundo. Eles não tiveram um mero jantar, mas o mais romântico jantar à luz de velas.

Como o Exaltado, o Sonhador também tende a exagerar, mas é muito mais comedido. Ele não tem necessidade de despejar suas emoções sobre os outros, mas as cenas emocionais estão no centro de sua visão de mundo. Ele está sempre acreditando que a situação está prestes a mudar — e para melhor. Tudo ficará melhor quando...ele terminar a faculdade...ela deixar de beber...nós passarmos aquelas férias na Europa...você receber sua herança.

O Sonhador vê o mundo através de suas lentes cor-de-rosa, o que faz dele um ótimo vendedor e promotor de si mesmo e dos outros. Como sonha muito, ele pode ter dificuldade para dar os pequenos passos necessários para realizar os anseios de seu coração.

Por exemplo, Judy, com quarenta e poucos anos quando a conheci, estava se divorciando pela quarta vez. Por algum motivo, nenhum de seus casamentos tinha dado certo, mas ela tinha certeza de que o Homem Certo existia em algum lugar, simplesmente esperando que seus caminhos se cruzassem. Tudo o que ela teria de fazer era encontrá-lo.

Durante os seis anos em que mantive contato com ela, ela o *encontrou* muitas e muitas vezes. Cada homem com quem ela saía era sempre perfeito no início. Mas, depois de um tempo, deixava de ser e ela voltava a empreender a mesma busca. Apesar de seus muitos romances fracassados, nunca a vi desanimada ou deprimida.

Esse mesmo espírito de otimismo e entusiasmo permeava tudo o que ela fazia. Trabalhando como faxineira, ela simplesmente sabia que podia criar um trabalho maravilhoso e mais interessante para si mesma — que, como o Homem Perfeito, estava sempre bem ali na esquina. Um dia ela conhecia as pessoas que iam empregá-la numa loja de antiguidades, no dia seguinte, ela ia abrir sua própria butique com dinheiro de investidores estrangeiros. Quando isso não dava certo, ela passava para o ramo imobiliário, onde em pouco tempo ganharia um milhão de dólares. Nada disso aconteceu, mas ela nunca parou de sonhar e planejar, convencida de que, a qualquer dia, aconteceria.

Sinais reveladores do tipo Sonhador

- Costuma viver no futuro.
- Cria imagens de "como vai ser".
- As pessoas têm de "chamá-lo de volta à realidade" ou dizer-lhe que "as coisas não são como você está imaginando".
- É um "romântico".

- Tem dificuldade para enfurecer-se.
- Não acredita nos fatos relatados por outros a respeito da pessoa com quem está se relacionando.
- Costuma ficar emocionalmente arrasado quando uma relação acaba.

Um olhar mais atento: características típicas do Sonhador

1. O Sonhador vive no futuro.

O Sonhador vive num mundo fora do tempo, porque, em vez de degustar o néctar do presente, está sempre imaginado um maravilhoso futuro cor-de-rosa. Não consegue ficar no presente praticamente nunca. Está sempre indagando, buscando, esperando e imaginando o que vai acontecer no futuro próximo previsível ou apenas imaginável, quando "a vida será perfeita", todos os seus problemas serão resolvidos e todos os seus sonhos se realizarão. Bem, talvez nem todos os seus sonhos, mas no mínimo o sonho específico ou situação que ele está justamente imaginando. Pode ser com a garota fabulosa que acabou de entrar em seu escritório ou com a estrela de TV que viu de relance ontem no posto de gasolina. Decididamente não é com um cara de carne e osso nem com a garota que mora ao lado, com quem seria possível ter um relacionamento real. Seja qual for a realidade do momento, o Sonhador a ignora totalmente e continua sonhando com o futuro.

2. Ele desconsidera os fatos.

De um jeito ou de outro, o Sonhador não se relaciona com as coisas como elas são e se recusa a ver a realidade. Como o usuário compulsivo do cartão de crédito que não encara o fato de que, com os dezoito por cento de juros que está pagando por sua dívida de cinco mil dólares, ela vai se transformar em trinta mil nos próximos anos, o Sonhador também não enxerga os fatos que estão bem diante de seus olhos.

Durante umas férias prolongadas na Europa, Phil, em Copenhague, teve um caso passageiro com uma linda modelo chamada Inga. Ele estava passando apenas o fim de semana lá, encontraram-se do lado de fora do Parque Tivoli e passaram duas noites maravilhosas fazendo amor e passeando pela cidade. Quando ele foi embora na terça-feira, eles trocaram telefones e endereços e, ao longo de sua viagem, ele lhe enviou cartões postais de todas as cidades que visitou.

Quando voltou para casa, um mês depois, ele começou a telefonar para ela. Inga disse que a distância entre eles os tornava, como se dizia em dinamarquês, "geograficamente indesejáveis" um para o outro. Ignorando as objeções realistas dela, Phil continuou telefonando de vez em quando, fantasiando que um dia voltaria a Copenhague e eles retomariam a relação.

Passados três anos, ele realmente voltou à Dinamarca e, ao telefonar para ela, descobriu que ela estivera casada por um curto período de tempo e que tinha agora um filho de 2 anos. Ele voltou a cortejá-la, mas dessa vez, sendo uma jovem mãe descasada, ela rejeitou suas investidas, dizendo que não achava certo eles retomarem a relação.

Um pouco abatido, Phil prosseguiu suas viagens e depois de novo voltou para casa. Mais alguns meses se passaram e ele telefonou para ela querendo saber como "estava passando". E assim continuou até que, sete anos depois de terem se conhecido, ele fez outra viagem a Copenhague. Apesar de continuar descasada, seu filho estava então com 5 anos e ela estava feliz numa relação com um executivo dinamarquês. Tomando chá com ela uma tarde, Phil lamentou, "Mas eu voltei porque você é a mulher com quem sempre esperei me casar".

Indagando-se sobre seu próprio papel nessa história, Inga ficou visivelmente espantada com o fato de ele ter mantido essa fantasia por sete anos, enquanto ela tinha se casado, se separado, tornado-se mãe, feito carreira e tido uma série de relacionamentos. Ela quase teve de apelar aos gritos numa discussão com ele diante de outras pessoas em um café para convencê-lo de que ele havia passado sete anos criando fantasias com base em uma transa romântica prazerosa, porém passageira. Phil voltou para casa arrasado, queixando-se com todos os amigos que a mulher que ele amava o havia rejeitado, embora todos eles o tivessem aconselhado durante todos aqueles anos a desistir, que se tratava apenas de um daqueles casos passageiros que as pessoas têm de vez em quando.

De maneira semelhante, Jenny, uma lésbica que tinha consciência de sua orientação sexual desde os 3 anos de idade, apaixonou-se por Linda, uma mulher recém-divorciada e mãe de dois filhos, que nunca tivera um relacionamento homossexual. Elas tiveram uma transa sexual breve e agradável, depois da qual Linda anunciou que, embora a experiência tivesse tido uma importância decisiva em sua vida, ela era na realidade heterossexual.

Jenny não desanimou e continuou a cortejá-la, enchendo-a de presentes e flores, apegando-se aos filhos de Linda, apesar de ela já estar profundamente envolvida com um homem com o qual estava pensando em se casar, conforme declarou abertamente. Essa situação quimérica — com uma em caçada indômita e a outra em fuga desabalada — prosseguiu por quase um ano e só acabou quando Jenny ficou arrasada com a notícia do casamento de sua ex-futura-amante.

Fato semelhante aconteceu com John que, depois de ter tido uma série de relacionamentos homossexuais, insistia em fingir que era hétero. Teve várias namoradas e acabou se casando com uma, dizendo para si mesmo que sua atração por homens acabaria a qualquer hora. Ele e Lucy, sua esposa, teriam filhos e o interesse pelo sexo oposto, do qual ele se esquivava há muitos anos, acabaria diminuindo e prendendo-o no círculo do casamento.

É claro que isso nunca aconteceu. Foi só quando Lucy, extremamente frustrada com seu comportamento sexual inconstante, teve um caso que ele finalmente encarou a realidade e teve coragem para reconhecer que era *homossexual*. Logo depois ele e Lucy decidiram se separar.

Outra forma de não viver na realidade que o Sonhador costuma adotar é ter relações com pessoas tão mais velhas ou tão mais jovens que, na realidade, nunca poderão satisfazê-los a longo prazo. Paula teve um caso, satisfatório para ambos por dois anos, com um homem vinte e sete anos mais novo, mas ficou arrasada e quase se suicidou quando, depois de contar-lhe tudo, ele deixou-a para viver com uma mulher mais ou menos da mesma idade dele. "Mas eu sempre pensei que íamos nos casar", ela disse no auge de seu delírio. Seu jovem amante, que também tinha apreciado o relacionamento, respondeu: "Sei que foi uma ótima relação, mas como você *pôde* imaginar que iríamos nos casar? Isso é simplesmente irreal".

Para o Sonhador, esse irrealismo pode ser expresso em uma das seguintes formas: "É claro que ele vai adotar meus seis filhos". "Evidentemente que vamos começar a relação com um mês de férias num lugar exótico." "Encontrei-o numa conferência de fim de semana. Soube pelo seu jeito de me olhar que estava apaixonado por mim. Não importa que ele seja casado ou que ele tenha afirmado, ao se despedir, que ficaria com a mulher. Simplesmente sei que, quando chegar em casa, ele vai deixá-la."

O que é fascinante em todas essas afirmações é o fato de que todas elas têm alguma base real. *Toda regra tem sua exceção*: existem casos de pessoas que encontram seu verdadeiro amor em uma viagem de férias pela Europa, que passam de uma orientação sexual para outra, que têm relacionamentos duradouros com diferenças de idade de trinta ou mais anos (por exemplo, os casamentos de Fred Astaire, Gene Kelly, Earl Warren — presidente do Tribunal de Justiça dos Estados Unidos e ex-governador da Califórnia —, Mary Tyler Moore, para nomear apenas alguns) ou de maridos que abandonam a esposa para ficarem com a amante. Mas é isso que eles são — exceções. Para o Sonhador, entretanto, a exceção é a regra e ela está sempre prestes a acontecer com eles.

3. O Sonhador tem um projeto de mudança.

Em vez de olhar para o presente ou para a realidade dos fatos, o Sonhador pretende mudar as coisas e, na maioria das vezes, essa mudança envolve o modo de vida do parceiro: "Vou fazer com que ele pare de beber". "Vou fazer com que ele pare de fumar maconha." Ou "Apesar de ela jurar que não quer ter filhos, vou conseguir convencê-la do contrário". "É estranho o fato de a gente nunca fazer amor, mas depois de casados ele será melhor amante." "Sei que ele teve todos aqueles relacionamentos com homens, mas sou a mulher que pode mudar o curso da vida dele." "Ele não é de falar muito e chega a ficar mudo nos encontros, mas, depois de casados, ele vai aprender a falar." "Ele nunca me traz flores, mas sei que posso ensiná-lo a fazer isso."

Essas expectativas absurdas representam, na realidade, um plano que o Sonhador tem certeza de que vai conseguir concretizar. Como qualquer pessoa que não seja do tipo Sonhador aprendeu na marra, é praticamente impossível mudar outra pessoa — particularmente se ela não quer mudar. Essa presunção demonstra também o quanto o Sonhador vive fora da realidade.

4. O Sonhador costuma ficar arrasado com facilidade.

O Sonhador não vive na realidade e, como todos nós temos de aprender mais cedo ou mais tarde, ele é pego de surpresa quando a realidade tropeça em seus calcanhares ou, mais provavelmente, morde sua perna como um cachorro louco à solta. Em vez de entender-se com a realidade e "aceitá-la" — "Agora eu consigo ver que não estava sendo realista; vinte e seis anos *é* uma diferença grande demais. Acho que não é de surpreender que ele tenha me deixado", ou "Não, um romance de sete anos de telefonemas intercontinentais não resulta em casamento" —, o Sonhador fica chocado e arrasado quando a realidade despenca sobre sua cabeça como um coco de um coqueiro.

O Sonhador não percebe que a realidade é mais do que a imagem que ele tem dela. Ele está sempre imaginando que tudo vai acontecer de acordo com sua visão e fica emocionalmente arrasado quando isso não acontece. Entretanto, esse estado de desolação normalmente só dura enquanto ele não começa a tecer sua nova fantasia. Então, tudo recomeça.

5. O Sonhador recorre à fantasia para evitar o trabalho árduo.

Conheci certa vez um pintor extremamente talentoso, mas que tinha muita dificuldade para promover e vender seus quadros. Em vez disso, ele ficava sentado em seu ateliê, fantasiando que um grupo de críticos viria por acaso até ele e descobriria seu talento. A fantasia o impedia de dedicar-se ao trabalho e decidir como poderia transformar seu sonho em realidade.

O Sonhador faz a mesma coisa com as relações. Como o artista sonhador que deveria estar selecionando seus quadros, telefonando para galerias e providenciando um catálogo de vendas, o Sonhador faz tudo menos empenhar-se em seus relacionamentos. Ele tem uma vaga idéia utópica, comumente tirada de filmes românticos, sobre como deveria ser uma relação — rosas, beijos e noites enluaradas — mas não está preparado para enfrentar os verdadeiros fatos da vida. Tem dificuldade para conversar, negociar, comprometer-se, enfrentar as dificuldades ou a rotina. "Isso é muito complicado", ele resmunga, desejoso de fugir da relação e entregar-se a outra fantasia romântica.

Por que amamos o Sonhador

Amamos amar o Sonhador porque ele tem sonhos impossíveis. Ele nos tira da realidade mundana por encerrar a promessa de que a vida pode ser extraordinária. Porque nos diz que é possível quebrar as regras e vencer, apesar de tudo e de todos.

Ele torna nossa vida excitante e divertida. Nos faz esquecer a monótona rotina das nove às cinco. Quando um Sonhador romântico diz a você, após o primeiro jantar juntos: "Vamos tomar um navio para as Bermudas. Vamos fazer uma viagem à Tailândia. Vamos de caiaque para Quincy ou Nyack", é claro que você fica entusiasmado. Ou quando ele diz, "É evidente que vamos morar numa mansão na montanha, apesar de estarmos hoje atolados até o pescoço em dívidas com o crédito educativo", você deixa imediatamente as chateações de lado e explode de excitação diante de um futuro tão radiante.

Também, por ser romântico, o Sonhador é um grande galanteador — envia quatro dúzias de rosas e traz um par perfeito de brincos de pérola no dia de seu aniversário, telefona três vezes ao dia só para dizer o quanto o ama. Quem é amado por um Sonhador não duvida de seu amor. Por mais instável que seja o mundo real, ou o seu, ele ultrapassa os limites da realidade da vida para lhe fascinar com uma visão mágica.

Por que o Sonhador nos irrita

O Sonhador acaba nos enfurecendo porque nunca vê quem somos realmente, como as coisas são e nem ouvem o que dizemos a respeito de nós mesmos. Ele afasta as pessoas interessadas nele, parceiros e cônjuges, porque os faz sentir que, como a pipa levada pelo vento, eles têm sempre de trazê-lo de volta para a realidade dos fatos.

Parece que ele não quer viver no mundo real. Sempre tem um plano ou sonho com um pé na realidade, mas seja o plano que for, na verdade não tem nenhuma base real no que é possível. O Sonhador leva você à loucura com sua mania de apresentar todas as possibilidades como se fossem reais e depois ficar olhando para você como se você fosse um desmancha-prazeres simplesmente porque não investiu seus últimos quinhentos dólares na idéia estapafúrdia que ele teve.

Ele pode também ser imprudente. Esbanjar seus últimos dez mil dólares com um anel de diamante que não pôde deixar de comprar, mesmo que ele próprio não tenha o suficiente para pagar a conta de luz. Ele se fixa num sonho e fica obcecado por ele — a pirâmide que vai construir ou o dinheiro que vai ganhar na loteria — até levar você às raias da loucura. E quando você tenta lhe dizer que não é possível colocar sua casa de seis quartos num barco para dar a volta ao mundo — pelo menos enquanto seus três filhos estiverem na escola —, ele acusa você de total falta de imaginação.

A relação com ele também é difícil porque ele não acredita no que dizemos sobre nós mesmos: "Não, viver numa casa com uma piscina olímpica não é realmente o que quero. Uma banheira de água quente me satisfaria".

"Não, você quer sim! Não seria maravilhoso? Pense no quanto seria bom podermos nadar todas as manhãs! Você não teria mais que ir para a academia."

"Mas eu gosto de ir à academia e, na verdade, não gosto de nadar. Além disso, não estou a fim de me mudar. Acabamos de reformar a casa. Estou muito bem aqui."

Ou, "Não, não estou a fim de me casar. Já tive dois casamentos e nenhum deles deu certo. Dessa vez, quero apenas viver com você."

"Ah, vamos lá! Vai ser ótimo", argumenta o Sonhador, pensando com seus botões, "Sei que ela vai acabar mudando de idéia".

O que realmente acontece com o Sonhador

Muitos Sonhadores foram criados em lares em que um dos pais vivia fantasiando ou em que toda a família vivia com uma mentira. Em alguns casos essa mentira ou fantasia era conhecida por todos os membros da família e, em outros, ela era ocultada. Qualquer que seja o caso, embora ninguém falasse sobre ela, a mentira podia ser sentida como parte da energia da família ou da casa. *A dor emocional do Sonhador é a experiência de ter sido enganado* e seu mecanismo para lidar com ela é a fantasia.

Por exemplo, Sharon cresceu numa "família comum de classe média" em que os pais pareciam ser felizes. Certamente eles cooperavam um com o outro e o pai de Sharon era um bom provedor que fazia tudo para que não faltasse nada a seus três filhos. Mas ele também era alcoólatra. Embora nunca bebesse em casa, periodicamente costumava sair com "os amigos" e voltar para casa extremamente alterado, xingando os filhos pequenos e até mesmo tratando-os com brutalidade. A mãe de Sharon, decidida a ignorar essas atitudes do marido, diante dos filhos sempre o elogiava como ótimo provedor. Quando o marido xingava os meninos, chamando-os de fracos e imprestáveis, que nunca serviriam para nada, ela se distraía fazendo uma torta ou trabalhando no jardim. Durante o jantar, quando os meninos ficavam se escondendo, ela falava sem parar no quanto eles eram uma família feliz.

Sharon, que nunca fora alvo direto dos xingamentos do pai, cresceu com a fantasia de família perfeita de sua mãe e fez tudo para aplicá-la à sua própria vida. Como adulta, ela estava sempre procurando ignorar as falhas mais gritantes do marido e, depois do divórcio, dos namorados. Por exemplo, ela ignorou o fato de um ser alcoólatra, outro ser um tremendo pão-duro, outro ter-lhe dito desde o início que não estava realmente interessado nela e outro estar namorando outra mulher ao mesmo tempo. Apesar de todas essas informações negativas, ela continuou fantasiando que cada uma dessas relações — qualquer dia desses, no próximo ano, quando as crianças crescerem, quando o namorado tiver um emprego melhor ou depois daquelas férias no Havaí — seria perfeita.

Como um exemplo mais óbvio dos tipos de negação que podem ocorrer, Kay cresceu numa família em que a mãe bebia havia muito tempo, mas o pai nunca reconheceu esse fato. Ao contrário, ele sempre se referia a ela como sua "alegre esposa ". Enquanto isso, as três crianças podiam contar com o espetáculo de vê-la atrás de uma garrafa de vinho, que começava todos os dias por volta das três horas da tarde, quando eles voltavam da escola. No final da tarde, quando, embriagada, preparava o jantar, sentindo-se cada vez mais alegre sob o efeito do álcool, ela começava a falar sobre as roupas maravilhosas que ia comprar e os fantásticos cruzeiros que faria.

Em certas noites, quando o pai, um homem de negócios de Nova York, chegava em casa mais tarde, ela sugeria que eles tivessem um macaco como bicho de estimação e o pintassem de púrpura. "Não seria divertido termos um macaco?" ela perguntava. "Poderíamos adestrá-lo, levá-lo à feira e exibi-lo. Ganharíamos muito dinheiro e poderíamos ir para onde quiséssemos passar as férias de verão."

Mesmo não fazendo parte de todas as tarde regadas a vinho, a proposta do macaco foi feita com tanta freqüência que as crianças menores, sendo mais suscetíveis, começaram a imaginar que um dia teriam realmente um macaco. À sua própria maneira, cada um deles teve quando adulto, dificuldades para encarar a realidade. Kay achava que teria como marido um homem que seria muito bem-sucedido, mas poderia ficar em casa o dia inteiro para "brincar" com ela. Ela se casou com um advogado de sucesso, mas ficava tão furiosa por ele passar meses a fio sem levá-la às sonhadas viagens de férias, que ele, cansado de suas exigências e expectativas impossíveis, acabou deixando-a. Paul, o irmão mais novo de Kay, imaginava que se casaria com uma garota rica e que nunca teria de trabalhar. E Lila, sua irmã menor, casou-se com um alcoólatra que, ela não se cansava de repetir, "estava prestes a iniciar seu próprio negócio". Foi só depois de submeterem-se a muitos anos de terapia que os três aprenderam a manter suas expectativas nas relações dentro dos limites possíveis.

Outros Sonhadores provêm de famílias em que existia um segredo doloroso. Chuck tinha 16 anos quando acabou descobrindo que fora adotado. Uma das reações de seu pai às suas aventuras com drogas e álcool foi acabar gritando para ele: "Não vou me importar mais com suas saídas noturnas. Pouco me importa se você for pego e acabar na prisão. Você não é mesmo meu filho verdadeiro!" Enquanto o pai o acusava de ser maluco por querer construir seu próprio kart ou veleiro e por querer viajar pela Europa de motocicleta, Chuck continuou forçando os limites da realidade, porque sabia intuitivamente que estava vivendo com uma mentira.

Em seus relacionamentos, na idade adulta, ele teve que se esforçar para cair na real. Casou-se, teve dois filhos e arrastou sua família para uma comunidade alternativa. Quando a mulher sugeriu que ele arranjasse um emprego "de verdade", ele disse que eles podiam viver da terra. Ele só se dedicava ao cultivo de verduras e legumes — apesar de nunca ter feito isso antes. Estava sempre esperando o momento de não precisar fazer nada e que o mundo lhe fosse oferecido numa bandeja, ou achando que o trabalho duro não lhe traria nada de bom. Foi só quando, na terapia, ele sentiu a dor de ter sido enganado que ele foi capaz de encontrar sua verdadeira vocação de projetista e unir sua família.

Mitch, outro Sonhador, cresceu numa família em que os pais eram loucos por dinheiro. Estavam sempre comprando terrenos que não tinham condições de pagar, imaginando que obteriam uma fortuna com a venda deles. Depois, como não conseguiam, acabavam vendendo-os com prejuízo. E continuaram repetindo essa fantasia por tantas vezes que, já cansada dos negócios desastrosos do marido, a mãe de Mitch o deixou, mas como não era capaz de ter nem uma fantasia nem uma realidade própria, ela acabou tendo uma série de doenças psicossomáticas e morreu de câncer com relativamente pouca idade.

Nos seus próprios relacionamentos, Mitch seguiu o exemplo irrealista dos pais. Para algumas de suas namoradas, ele comprava presentes caríssimos para lhes dar já no primeiro ou segundo encontro (fantasiando que logo eles contemplariam juntos o pôr-do-sol) e, de outras, ele esperava que o convidassem para passarem juntos férias suntuosas e o tratassem como um rei. As garotas que ele presenteava ficavam chocadas e não achavam certo aceitar presentes tão prematuramente e as outras, das quais ele esperava que o paparicassem, o achavam um canalha presunçoso que andava atrás do dinheiro delas.

Quando uma de suas namoradas ia fazer uma viagem de negócios para a Austrália, com as despesas pagas pela empresa em que trabalhava, ele sugeriu que ela o levasse junto e chegou mesmo a insinuar que ela pagasse sua passagem. Quando ela explicou que sua viagem era a trabalho, ele pressionou-a ainda mais: "Como você pode me deixar aqui?", ele perguntou quase furioso. "Você vai me perder." "Francamente", ela contestou, "não tenho os mil e duzentos dólares para a passagem e, de qualquer maneira, o que levou você a pensar que eu o levaria comigo?" Para essa pergunta, ele não teve nenhuma resposta, senão ficar de mau humor. Ele já tinha imaginado pedi-la em casamento diante do teatro de Sidney e seu eu romântico e fantasioso não tinha qualquer interesse pelas ninharias da realidade.

Em alguns casos, a mentira com a qual o Sonhador vive tem a ver com a sexualidade de um dos pais. Willis, um Sonhador cujo pai era um homossexual enrustido, lutou a vida inteira contra a sua própria homossexualidade, tentando apresentar a seus pais a garota perfeita. Finalmente, ele decidiu dar um passo adiante e ficar noivo. Com a promessa de oferecer à noiva belos móveis e uma casa num bairro nobre, ele achava que ela desconsideraria o fato de ele não sentir verdadeira atração sexual por ela. Alguns meses antes do casamento, o pai dele morreu de repente. Remexendo nas coisas do pai, Willis encontrou pilhas de cartas dos muitos amantes que ele tivera. Durante toda a sua vida, Willis tinha fantasiado que conseguiria superar a homossexualidade. Foi só quando descobriu a verdade sobre o pai que, finalmente, ele conseguiu confessar à noiva que era *gay*. Hoje ele vive na realidade — com outro homem.

O Sonhador vem fantasiando a vida desde muito pequeno. E isso o deixa exasperado. É por isso que *o problema emocional do Sonhador é a raiva*. Como a mentira — ou o que quer que seja — era um segredo, ele não podia expressar a raiva legítima que sentia. Enquanto via os pais beberem até caírem, iludirem-se com respeito à sua situação financeira, enganarem-se com respeito à própria sexualidade ou omitirem a verdade, ele tinha de se manter calado ou fingir que tudo estava bem, exatamente como diziam seus pais.

Quando somos pequenos, esperamos que nossos pais nos mantenham com os pés bem fincados no chão. Não consideramos isso como tarefa nossa — e não é — e qualquer criança que descobre uma mentira, inverdade ou irrealidade na vida dos pais sente-se emocionalmente traída. Esperamos que nossos pais nos garantam segurança no mundo, que saibam como as coisas realmente são, para que tenhamos uma relação apropriada com os fatos da vida.

A reação natural e apropriada à decepção é a raiva, mas os filhos da mentira ficam numa situação sem saída. Se expressam a raiva que sentem, recebem como resposta que não há nada contra o qual possam ter raiva, que tudo está ótimo. Se tentam saber a verdade, seus pais simplesmente negam. Em ambos os casos, a criança não tem saída e, assim, ela aos poucos desiste de expressar a raiva ou de tentar saber e enfrentar a verdade ou desfazer o engano. Em vez disso, ela decide ou participar das fantasias dos pais — "Pode ser que seja divertido ter um macaco", "Talvez a gente *ganhe* um milhão de dólares na próxima venda de terras" — ou começar a criar suas próprias fantasias: "Não é verdade que eu sou um homossexual. Qualquer dia desses eu vou sair dessa". As mentiras impostas aos Sonhadores quando pequenos formam a base da incapacidade que eles têm de dar nome aos bois e de viver na verdade simples de como as coisas são realmente. A tragédia deles é nunca terem aprendido que a vida como ela de fato é também pode ser repleta de alegrias.

Além do mais, a repressão da raiva legítima que sentiram na infância resulta numa grande dificuldade de expressar raiva na vida adulta. Em vez de ficarem com raiva, os Sonhadores fantasiam. Em vez de ficarem furiosos por terem sido enganados ou ludibriados, eles passam a criar suas próprias fantasias. Não apenas isso, mas por apegarem-se a suas fantasias, eles forçam o parceiro a expressar toda a raiva: "Não, não vou para a Lua com você, vá pro inferno!" berra a mulher enfurecida. "Não, você não pode comprar aquele casaco de peles com o cartão de crédito!", grita o marido atolado em dívidas até o pescoço.

A cura é possível quando o Sonhador entra em contato com a raiva que sentiu diante da primeira mentira que lhe foi imposta e então consegue expressar nem que sejam apenas fragmentos de raiva, a cada vez que ela vem à tona.

O que diferencia o Sonhador de todos os outros tipos

Todos nós temos sonhos e esperanças que desejamos compartilhar, só que em vez de nos encerrarmos neles, procuramos falar sobre eles e não guardá-los para nós mesmos, esperando que se realizem por um passe de mágica ou insistindo com nossos parceiros para que embarquem conosco numa canoa furada. Em geral, os outros tipos de pessoa não nos forçam a entrar em seus sonhos, mas nos estimulam a considerá-los e cultivá-los. Em vez de chegarmos em casa um belo dia e encontrarmos no meio da sala um piano Steinway, cujo preço não temos condições de pagar, conversamos sobre a necessidade de economizarmos para realizar um sonho que é realisticamente possível.

O Sonhador dá passos tão precipitados que pode transformar a vida num caos: um belo dia você chega em casa e descobre que seu marido vendeu a casa e comprou um terreno numa área de mananciais para nele construir outra. Mas vocês não têm onde morar enquanto isso e a prefeitura recusa-se a conceder a permissão para a construção porque a área é protegida por lei ambiental. "Não importa", ele diz, "tudo vai se resolver no devido tempo". Esses sonhadores que vivem fora da realidade costumam assustar as pessoas que amam ou fazer com que se sintam invisíveis, por não consultá-las. Suas idéias são sempre "comunicadas" aos parceiros e, se eles não concordam ou não estão dispostos a ceder, são muitas vezes chamados de desmancha-prazeres.

Em resumo, o Sonhador imagina que é possível viver a vida toda fantasiando. Ele atua como se a realidade pudesse ser simplesmente ignorada, enquanto as pessoas dos outros tipos sabem que é a interação do espontâneo e extraordinário com o ordinário que torna a vida e as relações tão interessantes.

O que o Sonhador tem para nos ensinar

O Sonhador nos inspira a "pensar grande". Ele nos mostra que, se considerarmos demais as limitações, as coisas como são ou sempre foram, a quantia de dinheiro que temos disponível no banco ou o modo "normal" e "seguro" de fazer as coisas, estaremos impedindo o mágico e extraordinário de ocorrer realmente em nossa vida. Por acreditar que pode quebrar as regras, desafiar a lei da gravidade e fazer o impossível, o Sonhador nos estimula a viver os aspectos romântico, extraordinário e inacessível da vida, além das realidades pragmática, ordinária e estável em que nos permitimos viver a maior parte do tempo. Ele nos lembra que, por piores que sejam as circunstâncias, devemos às vezes sonhar sonhos impossíveis.

Além disso, mesmo errando o alvo na maioria das vezes, quando o acerta, o Sonhador nos proporciona a experiência com a qual todos nós sonhamos. É quando a gente tem, nem que seja pela primeira e última vez, a oportunidade de viajar em primeira classe. Conseguimos realizar aquele sonho de viajar para o Taiti. Depois de vinte anos, conseguimos finalmente ter aquela bela casa na montanha. Por sonhar, ele nos encoraja a viver nossos sonhos e, vivendo-os, aumentamos a possibilidade de realizá-los. Por recusar-se a viver na realidade, ele amplia um pouco o mundo de todos nós. Nós, os outros, poderíamos continuar seguindo passo a passo, arrastando e empurrando as coisas como elas são, mas com seus sonhos românticos ele nos faz querer alcançar as estrelas.

Finalmente, o otimismo e a esperança são atitudes espirituais vitais que todos nós precisamos cultivar se quisermos avançar, não apenas em nossa própria vida, mas também para solucionarmos os problemas planetários que temos diante de nós. Precisamos aprender a esperar — na verdade, sonhar — por uma solução favorável, pois do contrário ficaremos tão paralisados pelo medo e pela ansiedade que não faremos absolutamente nada. O Sonhador nos faz acreditar nessas atitudes profundamente otimistas, nos estimula a cultivar uma perspectiva ilimitada que acelera os batimentos do coração e eleva o espírito.

O que o Sonhador precisa aprender sobre os relacionamentos

Se você é um Sonhador, o que tem de aprender sobre as relações é o seguinte: só enfrentando as limitações impostas pela realidade é que você vai conhecer os *verdadeiros*, e incríveis, prazeres e satisfações que a relação oferece. O realista sabe que pode realizar alguns de seus desejos, mas nem todos. O que o Sonhador tem de aprender é que a verdadeira mágica está em algum ponto intermediário entre a fantasia e a realidade. Uma relação não é feita só de uma ou de outra. O paradoxo é que a fantasia floresce quando o Sonhador tem os pés firmes na realidade.

Por fim, o Sonhador precisa descobrir que um amor verdadeiro vale por uma vida inteira de fantasias.

O que o Sonhador pode fazer para ter equilíbrio

1. Viver no tempo presente.

O problema do Sonhador resulta em parte do fato de ele estar sempre vivendo num futuro mágico, e não no momento presente. Conseqüentemente, são poucas as suas realizações. Por isso, um exercício muito útil para o Sonhador é fazer uma lista de seus afazeres diários. Não vale colocar nessa lista algo como "Conquistar o mundo!" Basta fazer uma simples enumeração de três ou quatro coisas que ele pode *realmente* fazer ao longo do dia. Por exemplo: "Ir trabalhar. Fazer uma hora de ginástica na academia. Buscar as camisas na lavanderia. Ir para a cama às nove e meia da noite". Quanto mais ele se fixar na realidade, melhor seus sonhos possíveis poderão ser diferenciados de suas fantasias loucas e maior será o número dos que poderão ser realizados.

Em segundo lugar, ele deve responder, também com base na *realidade*, à pergunta: O que você gostaria de realizar nos próximos dois anos? E colocar algumas metas específicas nas seguintes áreas: 1) No trabalho, por exemplo: esforçar-se para obter aquele prêmio maior; tentar obter uma promoção a um cargo de gerência (e não de presidente da empresa); aprender computação. 2) Na área da saúde: perder cinco quilos (e não quinze); deixar de fumar; começar a caminhar três vezes por semana; 3) Finanças: economizar mil dólares para passar umas férias num chalé nos Grandes Lagos, cadastrar-se em alguma cooperativa de crédito ou abrir uma caderneta de poupança.

Em seguida, responder às seguintes perguntas: Quais são seus planos para os próximos cinco anos? Lembrar-se de que se trata de *seus* planos. Qual é o rumo de sua vida? Que direção você decidiu tomar como pessoa? Nada do tipo "Vou voltar à Itália para me casar com a garota que encontrei na Piazza de Roma numa sexta-feira à noite", mas planos reais, com base na realidade, para seu próprio futuro. Colocar as metas que gostaria de alcançar nos próximos cinco anos. Por exemplo: acabar a construção da casa; começar a trabalhar meio-período para poder escrever o livro para crianças que sempre sonhou; mudar para uma casa menor para reduzir as despesas; voltar a estudar para concluir o curso superior.

Quanto mais conseguir se concentrar na *realidade temporal*, mais evidentes ficarão os prazeres reais que a vida pode lhe proporcionar como resultado do planejamento e realização de metas realistas. É interessante notar que, quanto mais realista for o sonhador, mais ele conseguirá *de fato* colocar em prática os planos fantásticos ou mágicos que darão à sua vida o colorido e o entusiasmo que tanto deseja. A verdade é que a realização de uma única fantasia vale por uma centena de devaneios.

2. Perguntar ao cônjuge, namorado ou parceiro, quem ele é e o que quer da vida. E *acreditar* na resposta que ele der!

Esse é um modo de o Sonhador enfrentar a realidade. Ele não gosta de fazer perguntas a seu parceiro ou cônjuge para não ter de deparar com a insensatez de sua fantasia. Se sua fantasia é ter dois filhos e o homem por quem você está apaixonada fez vasectomia, seria bom consultá-lo para saber se ele já considerou a possibilidade de revertê-la. Você pretende viajar em férias para o Nepal, mas sua namorada detesta alturas, tem medo de viajar de avião e prefere ficar em casa cultivando hortaliças orgânicas. Talvez você tenha de abrir mão da fantasia de escalar com ela o Monte Everest.

O Sonhador cultiva suas fantasias fechando os olhos para a realidade. Ouvindo o que o outro tem a dizer, ele pode ficar sabendo qual a fantasia que tem possibilidade de ser realizada. Se o seu namorado diz que não quer ter filhos, você tem de acreditar nele. Se a mulher que você ama diz que não quer morar numa cabana nas encostas rochosas do Maine, leve-a a sério, ela não está brincando. Se o cara com quem você está saindo diz que foi casado quatro vezes e que nunca mais quer voltar a se casar, é muito provável que ele esteja dizendo a verdade. Se a garota de seus sonhos (ou fantasias) diz que a distância de quase cinco mil quilômetros que separa vocês coloca o seu nome na lista que ela fez de pessoas geograficamente indesejáveis, aceite esse fato. Se o melhor amigo de seu irmão, com quem você saiu duas vezes, diz que quer ser seu amigo e não seu namorado, por mais doloroso que seja, leve-o a sério.

O Sonhador precisa encarar a verdade que ele preferiria fantasiar. Será tão destrutivo para ele continuar fantasiando em seus próprios relacionamentos quanto foi a mentira ou fantasia em sua família de origem. O Sonhador precisa aprender que só terá a segurança que busca vivendo com base na verdade.

3. Abrir mão de seu complexo de salvador.

Acredite ou não, a maioria dos Sonhadores tem uma tendência inconsciente para cultivar o complexo de salvador. Isso acontece porque ele vive num mundo de pensamentos mágicos. Acredita que pode mudar qualquer pessoa e qualquer coisa, que de alguma maneira a realidade vai se moldar a ele, que nem o céu é o limite e que tudo vai se resolver com um passe de mágica. A face oculta de sua crença na possibilidade de a mágica ocorrer é a presunção inconsciente de que ele é capaz de torná-la realidade. Ele não vê isso como um projeto consciente, como faz o Perfeccionista. É mais como se a mudança fosse ocorrer magicamente: "Ele ficará ótimo quando parar de cheirar cocaína e sei que vai parar" ou "A qualquer dia desses ela vai deixar de ser tão histérica e então nosso casamento será maravilhoso". Quanto mais ele fantasia uma virada mágica na vida, mais ele se afasta da realidade.

O remédio para curar o mal da fantasia desenfreada é ele voltar para a realidade de sua própria vida e centrar-se *nela*. O que *você* quer? Do que *você* está precisando neste exato momento? Se o que ele quer é que sua namorada vá com ele contemplar o pôr-do-sol, seria melhor ele decidir em que lugar deseja contemplá-lo e quanto dinheiro teria de economizar para isso.

O Sonhador precisa aprender a prestar atenção no movimento incessante de sua própria vida e perceber que é sintonizando-se com esse movimento que a vida pode lhe proporcionar prazeres especiais e satisfações verdadeiramente profundas.

4. Passar do devaneio para a objetividade.

Para efetuar essa mudança, o Sonhador terá de tomar uma medida positiva drástica em sua vida. Em vez de imaginar que vai encontrar uma mulher rica que patrocinará sua carreira, ele tem que começar a trabalhar e dar os passos necessários para ele mesmo construí-la. Em lugar de imaginar que ela vai viver nas nuvens ao lado de um homem que pode lhe dar diamantes e pérolas e que nunca mais terá de sofrer, é melhor ela fazer uma lista das dez coisas que podem lhe proporcionar prazer e satisfação neste exato momento e começar a colocá-las em prática. Você precisa realmente de diamantes e pérolas ou será que um novo CD ou uma caminhada na praia não a satisfaria? É possível que, enquanto estiver perseguindo seus próprios interesses, você encontre alguém de carne e osso que tenha os mesmos interesses e que possa lhe oferecer apoio e estímulo reais. Talvez você até encontre alguém com quem possa compartilhá-los pelo resto da vida.

O Sonhador precisa saber que um pássaro real na mão vale mais do que dois voando num bosque imaginário. Com o passar do tempo, é muito mais gratificante conhecer uma pessoa de carne e osso, que se revela como realmente é, do que suas fantasias sobre como ela seria.

5. Descobrir o que é sentir raiva e começar a expressá-la.

Antes de tudo, comece dizendo muitas e muitas vezes, para si mesmo, que você *tem* raiva. A mera repetição disso vai ajudar você a identificá-la. Em seguida, faça a si mesmo a seguinte pergunta três ou quatro vezes por dia: Do que tenho raiva? e dê uma resposta. No início isso pode parecer ridículo.

Sua tendência natural será responder "de nada", mas continuando com a atenção centrada em sua possível raiva, você descobrirá que existem algumas coisinhas das quais tem raiva — o fato de seu namorado não ter telefonado conforme prometera; de seu chefe ter feito um comentário maldoso; do fato de o vizinho decidir arrancar o telhado velho da casa dele bem hoje, quando você precisava dormir.

Se persistir nessa prática, ela levará você a perceber coisas mais importantes e decisivas para a sua vida que fazem você ter raiva — nunca ter recebido um elogio de seu pai, o comportamento histérico de sua mãe, o fato de não ter feito um curso superior. Saber do que você tem raiva pode realmente mudar a sua vida, uma vez que é por causa dessa raiva que você se refugia no mundo da fantasia.

Finalmente, *anote por escrito* do que você tem raiva. Você pode fazer isso a qualquer estágio do processo — com os pequenos aborrecimentos ou as grandes decepções de sua vida. Isso vai justificar para sua consciência o direito de sentir raiva e ajudá-lo a passar da fantasia para a realidade. As pessoas incapazes de sentir raiva não têm condições de viver na realidade, pois não sabem se defender. Quanto mais você sentir sua raiva, mais capaz você será de viver no mundo real.

6. Lidar com a decepção que sentiu na infância.

Uma vez que recorrer à fantasia foi, em grande parte, a resposta que você encontrou para lidar com uma experiência de mentira ou de decepção sofrida na infância, enfrentar a dor que ela provocou vai levá-lo à realidade e abrir seu coração para o amor.

Tomar consciência dessa decepção ou mentira é o primeiro passo. Sozinho ou com a ajuda de um terapeuta, você percebe que é hora de enfrentar uma verdade que sempre soube, mas ignorou. Se seus pais negaram que você foi adotado, faça-os dizerem a verdade agora. Se um de seus pais, ou ambos, foi alcoólatra, encare o fato e confronte-os, estejam eles dispostos ou não a lhe dizerem a verdade. Procure um grupo de apoio (os Alcoólicos Anônimos, por exemplo) para suportar viver com essa verdade.

Depois de ter enfrentado a mentira com a qual viveu, sinta a dor dessa ferida. É bem provável que para isso você precise da ajuda de um terapeuta ou de alguma outra pessoa sábia e sensível. Sinta a sua raiva, derrame as suas lágrimas e, depois, continue a viver falando unicamente a verdade.

Meditação para o Sonhador

Hoje mesmo vou tentar começar a viver na realidade, para perceber a diferença entre a satisfação do amor verdadeiro e minhas eternas fantasias sobre ele. Liberte-me da irrealidade para que eu possa viver na realidade e encontrar nela o verdadeiro amor. Permita-me começar a perceber que a vida, como ela é, é bela e boa. Permita-me perceber o poder do fluxo constante em direção à minha meta e os pequenos prazeres e realizações do dia-a-dia.

Afirmações para ter equilíbrio

A vida não é um sonho...nem é minha fantasia.
É melhor ter um pássaro na mão do que dois voando.
A realidade é boa o bastante.
Vale a pena esforçar-se para alcançar as metas.
O amor é real.

O CONTROLADOR

"Fiz tudo ao meu modo."

De todos os tipos de pessoa, o Controlador é o que assume o comando. Competente e confiante, assim que se envolve em qualquer situação, ele começa a dirigir o espetáculo. Muitos deles são autodidatas (o bacharel em letras que acaba virando arquiteto, o estudante que não terminou o segundo grau e torna-se diretor comercial de grande empresa), e conseguem facilmente ter uma visão abrangente de qualquer sistema, decidir o lugar que querem ocupar nele e fazer tudo o que for preciso para conseguir isso. Eles adoram ter o controle sobre um grande número de coisas e pessoas e, comumente, têm extrema dificuldade para delegar ou até mesmo para tirar férias, pois pensar que vão ficar afastados de algo os deixa nervosos.

Como o Perfeccionista, tanto no trabalho quanto nas relações, o Controlador tem idéias definidas sobre como as coisas devem ser feitas, mas, enquanto o objetivo do Perfeccionista é alcançar a perfeição (isto é, sem nenhum erro, a busca de um ideal impossível), o do Controlador é ser o chefão. Ele está menos interessado em fazer as coisas direito do que obter e manter o controle — seja sobre um projeto de vinte milhões de dólares, a educação de seu filho ou o que o parceiro veste e come. Em conseqüência disso, ele está sempre querendo estar "a par" das fofocas do escritório, quem está almoçando com quem e, em casa, das idas e vindas do cônjuge e dos filhos — quem são seus amigos, como passam o tempo, o que estão aprendendo na escola. O Controlador mantém as rédeas bem curtas com respeito ao que acontece em casa e adora oferecer-se para fazer qualquer tarefa nova relacionada com o trabalho, porque isso lhe dá a oportunidade de saber ainda melhor o que está acontecendo e ampliar ainda mais a esfera de seu controle.

O que fascina no Controlador é o fato de normalmente não ser sua tendência a controlar tudo o que se vê nele à primeira vista. A maioria dos Controladores tem pelo menos uma outra qualidade proeminente que os torna atraentes — bom humor, ótima aparência, serenidade ou até mesmo um fascínio perturbador. Essas características são tão bem desenvolvidas e profundamente cativantes que as pessoas atraídas por eles não percebem que por trás delas existe um desejo de controlar que é ainda mais forte do que as qualidades que transparecem.

Fred, por exemplo, é um atraente engenheiro autodidata que conseguiu fazer carreira na competitiva indústria aeroespacial mediante uma combinação de trabalho árduo, esperteza nata e bom relacionamento com os maiorais da empresa. Em casa, ele canta de galo, encarregando-se silenciosamente do guarda-roupa da mulher, determinando os horários das refeições e vigiando de perto os estudos e as diversões de seus três filhos. Quando sua mulher apareceu com um vestido vermelho para ir a uma festa da empresa, ele mandou-a trocar por um terninho azul-marinho; quando seu filho Joseph chegou em casa com o nome de uma colônia de férias para onde iriam todos os seus amigos no verão e dizendo que gostaria de ir também, Fred imediatamente acabou com a idéia, dizendo que não era apropriado. De um jeito ou de outro, Fred sempre tem algo a dizer sobre tudo. E, se não diz em voz alta, ele o demonstra com seu mau humor até que todo mundo capte a mensagem de que seria melhor fazerem a vontade dele.

Também existem mulheres Controladoras e, embora seja mais comum encontrá-las, no ambiente de trabalho, seu desejo de estar no controle se manifesta também no âmbito doméstico. Yvonne era uma excelente cozinheira e adorava preparar jantares para o namorado, Chris.

Ele gostava tanto dos pratos que ela preparava que, depois do jantar, sempre saltava da mesa oferecendo-se para ajudá-la a lavar a louça. "Não, não se incomode", ela sempre dizia rispidamente, colocando-se no caminho e impedindo sua entrada na cozinha. Nessas horas, eles sempre começavam a brigar. Ele sentia-se confuso e desconcertado, uma vez que só queria ajudar. Até que um dia ela lhe disse: "Não suporto ver você na cozinha. Você coloca a louça de qualquer jeito sobre a pia, fazendo uma grande bagunça". O que ela queria dizer é que ele não fazia as coisas exatamente do jeito dela.

Yvonne era uma Controladora. Ela queria a cozinha em perfeita ordem e não queria que Chris entrasse nela. Ter o controle era mais importante para ela do que a ajuda dele. Quando ele finalmente entendeu que sua ajuda não era necessária, sentiu-se mais à vontade para aceitar os jantares dela. Mas ele começou a perceber que ela também queria controlar outras áreas do relacionamento. Ela era muito intransigente: não falava com ele depois das dez horas da noite; só concordava em sair às sextas-feiras e aos sábados, todas as outras noites ela tinha de dormir cedo para conservar a beleza; não queria que ele conhecesse a mãe dela; tinha de escolher a roupa que ele usava quando saíam juntos; ele tinha de colocar o rolo de papel higiênico com a ponta voltada para a frente. Por fim, Chris ficou tão cansado das atitudes controladoras de Yvonne que terminou o relacionamento.

Sinais reveladores do tipo Controlador

- Gosta de estar no controle.
- Sabe tudo o que está acontecendo com todo mundo.
- Atrai as pessoas com suas atitudes responsáveis.
- Manipula o tempo e as circunstâncias para poder estar no controle.
- Acha que há um jeito certo de fazer as coisas – o jeito *dele*.
- Tem dificuldade para delegar.
- É poderoso e fascinado pelo poder.
- Vê todos os conflitos de relacionamento como conflitos de poder.
- Gosta da excitação que a luta pelo controle desperta.

Um olhar mais atento: características típicas do Controlador

1. O Controlador gosta de estar no controle.

Ele sente um enorme prazer em manter tudo sob controle, para saber o que está acontecendo, onde e como cada pessoa está. Mesmo que a sensação de "ter tudo sob controle" nem sempre seja inebriante, ela lhe traz pelo menos um grande bem-estar. Ele sente-se como um rei ou rainha cujo reino está em perfeita ordem e ele pode se sentir orgulhoso, satisfeito e poderoso. Ele está em seu trono e tudo está perfeitamente bem no mundo.

O Controlador sempre encontra um jeito de fazer algo e de responder por tudo. Seja seu método de controlar evidente ou não, o que quer que seja tem de ser feito a seu modo e a seu ritmo. Ele encarrega-se das circunstâncias, diz como se faz uma determinada coisa e tem ele mesmo um modo muito próprio e definido de fazê-la. Às vezes, ele diz claramente qual é esse modo e, em outras, ele faz cara feia para deixar claro que os outros não estão fazendo o que ele quer e, outras ainda, se a pessoa defender seu ponto de vista, ele vai virar-lhe as costas e fazer do jeito dele, mesmo que tenham decidido fazer de outro jeito. Mas de um jeito ou de outro, a pessoa fica sabendo que ele tem seu próprio modo e que seria melhor respeitá-lo.

Um Controlador conhecido meu, depois de ter uma discussão com a mulher sobre o tipo de carro que deveriam comprar — eles decidiram por uma Cherokee para acomodar bem as crianças — saiu e comprou o Miata vermelho-cereja de dois bancos que ele sempre quisera. Diante da fúria da mulher, ele explicou que perderia tanto dinheiro se devolvesse o carro que a melhor coisa que podia fazer era ficar com ele. Como a maioria dos Controladores, seja nos ignorando, agindo às nossas costas ou discutindo incansavelmente conosco, o Senhor Miata Vermelho acabou fazendo o que queria.

3. Para o Controlador nada escapa a seu controle.

Diferentemente do Perfeccionista, que tende a focalizar uma área na qual ser perfeito — a casa, a relação, o próprio corpo ou a psique — o Controlador coloca sua "perícia" em todas as áreas da vida, independentemente de ser ou não perito em cada uma delas. Ele sempre tem uma "opinião" — sobre como se deve pendurar a lâmpada, que emprego se deve aceitar, se sua mulher deve ou não usar rímel, como seus subordinados devem comportar-se, por que sua sogra deveria fazer uma cirurgia de rejuvenescimento facial – e, de uma maneira ou de outra sempre consegue o que quer do outro, mesmo que tenha de assumir as conseqüências disso.

Na tentativa de escapar um pouco ao controle do marido, Rick, Jennifer decidiu que, depois de colocar as crianças na cama à noite, ela se isolaria por uma hora para ler. Na primeira noite, ela safou-se, mas na segunda, quando Rick notou sua ausência, ele saiu para ir pegar um filme na locadora e bateu "acidentalmente" contra um carro no estacionamento, obrigando-a a ir buscá-lo. E assim continuou por todas as noites seguintes. Toda vez que Jennifer tentava tirar um tempo para si mesma, Rick aprontava alguma: uma noite enfiou um prego num dedo, outra perdeu as chaves do carro, tudo acidentalmente. Por algum motivo, ela nunca conseguia ter nem mesmo uma hora para si mesma, porque Rick sempre tinha de saber (isto é, ter o controle sobre) o que ela estava fazendo.

4. O Controlador tende a encarar todos os problemas de relacionamento como conflitos pelo poder.

Em vez de ver a relação como uma troca, uma interação de sentimentos, preferências e compromissos mútuos, o Controlador a vê como uma questão de *quem vai vencer*. Fazia meses que Jack vinha dizendo que queria sair de férias com Mariel. Quando finalmente ele telefonou convidando-a, ele disse que já tinha planejado tudo. Eles partiriam às quatro horas da manhã da quinta-feira seguinte, viajariam em seu caminhão oito horas até as montanhas, passariam a noite acampados em sua barraca e na manhã seguinte fariam uma caminhada de cerca de onze quilômetros.

Sem nem se dar ao trabalho de perguntar se ela conseguiria estar pronta àquelas horas e muito menos saber se ela estava disposta a tal aventura, ele simplesmente disse: "Não vejo a hora de partir. Apronte suas coisas". "Mas, mas, mas...", Mariel gaguejou, "Não sei se quero ir". Ela não estava certa de ter o preparo físico necessário para aquela caminhada de onze quilômetros, se se sentiria segura passando a noite acampada, se queria viajar oito horas de caminhão e nem mesmo se conseguiria tirar folga do trabalho. Mas essas eram as férias que Jack havia planejado, e já tinha "tudo prontinho".

Quando, mais tarde, ela telefonou para expressar suas preocupações, ele concluiu: "Bem, parece que você não está querendo ir".

"Não, não é que eu não queira", ela disse, "mas gostaria de conversar sobre isso porque estou preocupada com meu conforto e bem-estar". Num acesso de raiva, Jack foi até a casa dela e disse: "Muito bem, sou todo ouvidos". Depois que ela expôs suas preocupações, ele disse: "Muito bem, entendi, *você* quer determinar como vão ser as nossas férias". "Não", ela repetiu, "não quero determinar nada. Só quero participar da decisão." Como esse exemplo demonstra, para a maioria dos Controladores, a relação não passa de um ringue no qual duas pessoas estão em eterna luta pelo poder. Jack não conseguia entender que o desejo de participar não tem nada a ver com a necessidade de controlar. Na verdade, como ele admitiu posteriormente, a idéia de se chegar a um acordo era algo inimaginável para ele.

5. Ele costuma assegurar seu poder por meio da intimidação.

Ele pode fazer isso de forma explícita — como o marido que bate na mulher e/ou nos filhos por não fazerem o que ele quer. Mas em muitos deles, essa atitude é tão sutil que a pessoa nem percebe conscientemente que está sendo intimidada. Por mais estranho que possa parecer, o Controlador exerce seu poder de maneira a forçar o outro a fazer sua vontade. Ele se coloca no seu caminho, plantando-se diante de você como uma barreira intransponível que, por mais que explique, suplique, discorde, chore, lamente ou ameace, você não consegue remover. Depois de um certo tempo de relacionamento com um Controlador, você simplesmente sabe que independentemente de qual for a situação, você não tem condições de vencer.

Por exemplo, Karen, uma linda morena, vivia em conflito permanente com o marido, Ken, por ele não querer que ela se maquiasse. Ele insistia que gostava de sua beleza natural, à qual às vezes se referia sarcasticamente como "beleza camponesa". Embora ela pudesse evidentemente "fazer o que bem entendesse" — ele a manipulava sutilmente atribuindo-se o papel de quem lhe daria permissão — ele dizia que ela se parecia "mais com esse tipo de mulher" sem maquiagem. Pela maneira com que ele expressava sua opinião, Karen entendeu que contrariar os desejos dele era desagradá-lo profundamente ou correr o risco de perdê-lo para uma "verdadeira beldade camponesa", uma vez que esse parecia ser seu ideal de beleza.

Certa noite, contrariando os desejos dele, ela decidiu maquiar-se para ir a uma reunião na escola — ela queria que os colegas a vissem do jeito que se lembravam dela. Quando estavam saindo do carro, sem dizer nada, Ken tirou o lenço do bolso e, fingindo ter visto um fiapo nos lábios dela, limpou todo o batom da boca da esposa. Apesar de seu esforço para tomar uma decisão própria, ele assumiu o controle no último instante.

Em alguns casos, a ameaça subjacente é, de fato, de violência física. É simples: você faz o que ele quer porque tem medo de suas reações violentas. Em outros, a ameaça é de abandono — faça o que eu quero ou te abandono! E, em outros ainda, a ameaça implícita é feita por meio da agressão verbal — um comentário que não lhe deixa margem para resposta, derrotando você com argumentos imbatíveis, insistindo incansavelmente em manter uma opinião até que você, completamente esgotado, desiste.

Quer suas ameaças sejam explícitas ou implícitas, você sente a intimidação. E essa intimidação é a força invisível que leva você a fazer o que ele quer.

Por que amamos o Controlador

Muitas pessoas sentem-se atraidas pelos Controladores por motivos que não têm nenhuma relação com suas características controladoras, — mas pelo fato de serem altos, engraçados, provirem de uma família tradicional, terem um cargo importante ou possuírem uma lancha rápida, por exemplo.

Mas, no fundo, amamos os Controladores porque eles querem controlar tudo. Muitas outras pessoas, especialmente as do tipo Abnegado, têm dificuldade para tomar decisões e saber o que querem — onde morar, que profissão escolher, que casa comprar, etc. Os Controladores entram em cena e facilitam as coisas. Faça isso, faça aquilo, eles dizem, assumindo o controle. Se você está cansado, ele assume a responsabilidade. Se está indeciso, ele decide. Se não sabe como fazer isso ou aquilo, ele sabe – e, se não sabe, ele logo vai saber. Se você quer ser passivo e deixar a vida rolar, não se preocupe, ele tomará conta de tudo. Se você não sabe como chegar à festa, ele sabe e, se não sabe, comprará um mapa. É um grande alívio ter alguém que toma todas as decisões, decide as férias, planeja o futuro e dirige o curso da nossa vida.

Outro motivo pelo qual gostamos dos Controladores é o fato de serem poderosos e carismáticos. São generais e diretores que comandam as situações. Estar na presença deles é por si só revigorante. Eles estão ligados nos acontecimentos. Com sua eterna busca de controle, tendo que escolher entre uma situação e outra da qual um sempre será o vencedor e o outro o perdedor, eles fazem a vida parecer dramática. Para eles, sempre há uma posição a ser tomada ou mantida, uma controvérsia a ser resolvida e uma batalha a ser vencida. E como eles sempre estão no centro dos acontecimentos, estar perto deles é sempre excitante.

Por que o Controlador nos irrita

Ele acaba irritando as pessoas interessadas nele, bem como o cônjuge ou o parceiro, justamente por querer controlar tudo. Às vezes, ou em algumas áreas, gostamos que alguém nos diga o que fazer e pode ser até mesmo divertido abrir mão do controle sobre algumas coisas, mas o Controlador não consegue tolerar isso.

Ele também incomoda por nos assustar e até mesmo aterrorizar. Seja por suas agressões diretas ou manipulações sutis, conseguimos captar sua mensagem e trememos nas bases ou nos encolhemos de pavor.

Margaret, uma mulher de fala mansa e mãe de três filhos pequenos, foi casada durante muitos anos com um Controlador calado, porém extremamente exigente. Com o tempo, ela passou a ter tanto medo dele que, depois de anos sentada à mesa, ouvindo-o sistematicamente interrogar os meninos (todos eles apavorados demais para fazer qualquer coisa além de relatar resumidamente como fora o dia na escola), as únicas coisas que ela conseguia fazer eram preparar o jantar, colocá-lo à mesa e retirar-se para o quarto com uma terrível dor de barriga.

Margaret era tão controlada que chegou ao ponto de ficar fisicamente doente. Mas outra maneira que o Controlador tem de nos enfurecer é nos fazer *sentir* que somos loucos. Isso ocorre porque ele está sempre nos empurrando para um campo de força invisível em que somos pressionados a fazer algo um pouco — ou totalmente — contra a nossa vontade, sem nenhuma possibilidade de discussão para se chegar a um consenso. "Está querendo dizer que eu *forcei* você a comprar esta casa? Você sabe muito bem que era a única para a qual o sistema financeiro concederia empréstimo."

O Controlador manipula a nossa vida tanto de forma explícita, passando por cima de nós como um trator, quanto cutucando secretamente nossa psique, de maneira que não conseguiríamos nunca, nem em um milhão de anos, explicar ou provar o que *simplesmente sabemos* que ele faz. Ele nos faz duvidar de nossas percepções, solapando nossas certezas e barrando o processo pelo qual, com o tempo, poderíamos descobrir nossos gostos e aversões e, aos poucos, desenvolver nossas próprias preferências.

O Controlador também nos irrita por nos obrigar a viver em constante luta pelo poder e sempre com medo, fazendo-nos sentir que o mundo é um lugar hostil. Não conseguimos relaxar, dizer o que pensamos, esperar alcançar um consenso ou chegar a um compromisso e, muito menos, a algum sentimento de união. Ele nos passa uma visão da vida que é assustadora e hostil e do mundo como um lugar perigoso. Nos casos extremos, como os que chegam a agredir emocional e fisicamente, eles nos levam a perguntar se Deus continua no céu e se o mundo continua de pé.

O que realmente acontece com o Controlador

Apesar de parecer extremamente poderoso, no fundo o Controlador sente-se totalmente impotente.

O poder é um dos atributos naturais do ser humano. Todos nós temos alguma forma especial de poder pessoal, seja por causa de um talento evidente, como escrever ou pintar, ou devido a algo mais sutil e difícil de identificar, como um dom para a cura e intuição. É essencial que cada um reconheça seu talento, porque é ele, afinal, o que temos para dar ao mundo. Quando os pais interrompem ou impedem o desenvolvimento do talento pessoal dos filhos, as conseqüências podem afetar terrivelmente várias gerações sob a forma de padrões recorrentes de controle.

Em geral, as pessoas do tipo Controlador foram criadas em famílias controladas excessivamente por um ou ambos os pais ou em que houve uma constante luta pelo poder. *A ferida emocional do Controlador está na área do poder* e, em termos psicológicos, o dividimos em dois subtipos: os "agressivos" ou os "agressivos passivos".

Quando criança, o processo normal de desenvolvimento do poder pessoal foi de alguma maneira interrompido. O pai que convida o filho para jogar bola e, depois, quando já estão no campo, diz ao filho que ele nunca será um jogador tão bom quanto ele mesmo, está impedindo o desenvolvimento saudável do senso de poder e capacidade do filho. "Você nunca vai conseguir", ele está dizendo ao filho, antes mesmo de ele ter uma chance de se desenvolver.

O desenvolvimento do Controlador é muitas e muitas vezes reprimido, sabotado ou comparado abertamente, até que, desencorajado e fracassado em suas tentativas de obter um verdadeiro senso de poder próprio, ele recorre a tentativas sutis e nem tão sutis de obter o único poder que lhe resta: o controle.

O controle é uma forma de poder de segunda classe. É o poder que você tenta obter quando fracassou em sua tentativa de obter seu poder *intrínseco*. Ele se expressa de acordo com uma das duas maneiras seguintes: agressão explícita, "Você vai levar uma surra se não fizer o que eu quero", ou agressão passiva velada: "Nunca vou conseguir ser jogador de beisebol; meu pai será sempre melhor do que eu. Mas, quem sabe, se deixar cair minha luva de beisebol ao pé da escada, eu possa ter um pouco de senso de poder vendo-o descer correndo os degraus para pegá-la". É claro que tudo isso ocorre inconscientemente, mas logo o Controlador passará a tentar controlar as pessoas que fazem parte da vida dele por meio da agressão explícita ou da velada. É o único senso de poder que ele ou ela consegue ter.

A necessidade de controlar sempre representa algum talento irrealizado, sufocado (provavelmente por um dos pais que também era frustrado), e essa é a tragédia do Controlador. Em vez de estimular o filho nos esportes, *apesar do fato de ele próprio já ter perdido a chance de ter sucesso,* o pai controlador passa a menosprezar o talento natural do filho.

A personalidade do Controlador se desenvolve a partir de sua própria experiência de ser controlado e agredido, o que ele vai acabar reproduzindo em suas relações com os outros. David, por exemplo, é um Controlador cujo pai ganhava milhões arrendando cortiços. Quando adolescente, era David quem tinha de ir cobrar os aluguéis exorbitantes. Se não conseguia receber os aluguéis dos inquilinos, o pai o espancava impiedosamente. O pai de David quisera ser músico, mas não pudera realizar seu sonho por ter perdido o pai muito cedo. Ele entrou no negócio imobiliário para sustentar a família. Quando viu surgir o talento de David para tocar violino na escola, foi tão doloroso para ele que o impediu de continuar estudando e mandou-o fazer a cobrança dos aluguéis.

Embora David tivesse jurado que nunca bateria nos próprios filhos, com vinte e poucos anos ele já costumava recorrer aos punhos para impor sua vontade sobre a esposa e os filhos, reproduzindo, portanto, o comportamento do pai.

As agressões verbais e físicas, assim como outras formas menos dramáticas de controle, criam naturalmente sentimentos de raiva nas crianças. Na verdade, a raiva é a resposta emocional apropriada diante do controle excessivo. Mas, numa casa onde o pai controlador é ameaçador e violento ou encarna a força intimidadora do controle velado, a criança simplesmente não pode expressar a raiva. Ela é então duplamente ferida — por ter sido frustrada, negada ou reprimida em seu próprio poder *e também* por ter sua raiva negada. Como a raiva é a emoção com a qual defendemos nossos limites e mostramos aos outros como eles devem nos tratar, descobrir modos saudáveis de dar vazão à raiva é essencial para o nosso crescimento. Infelizmente, o Controlador está impossibilitado de fazer isso e, assim, ele expressa a raiva que sente pela falta de poder da única forma que lhe é possível — pela agressão aberta ou passiva.

Em alguns Controladores, a causa do sentimento de impotência não foi a atuação dos pais, mas as circunstâncias tão opressivas que tornaram seus pais totalmente impotentes. Não tendo para onde ir, sem nenhuma saída à vista, os pais descarregam sua raiva nos filhos. Isso ocorre muitas vezes em situações de extrema pobreza ou em períodos de frustração pessoal como, por exemplo, perda de emprego, incapacitação física ou doença grave. Tendo perdido o próprio poder, esses pais batem nos filhos ou controlam-nos de muitas outras maneiras. No momento da fúria, os pais impotentes sentem-se subitamente fortes e a raiva acumulada acaba sendo descarregada e, por um instante, sentem-se aliviados.

Isso vale para qualquer forma de controle, seja verbal, emocional ou físico, porque o controle sobre outra pessoa, por proporcionar uma sensação de poder, traz alívio psicológico. Quando isso acontece na família, a criança maltratada não se sente apenas impotente para controlar a fúria do pai ou da mãe, mas também, infelizmente, por ter sido controlada, aprende a forma de agressão que passará a usar em sua própria vida.

Como poder e controle estão tão intimamente ligados, e são potencialmente tão perigosos, a pessoa que foi controlada e que decide romper a cadeia do controle está dando a si mesma e a todos com quem têm uma relação, um grande presente.

O que diferencia o Controlador de todos os outros tipos

Temos de reconhecer que todos nós queremos que as coisas sejam de acordo com a nossa vontade e muitos estão dispostos a lutar bravamente para que seja assim. A diferença é que, mesmo que sua preferência seja, digamos, ter um sofá marrom em vez de azul, as pessoas de qualquer um dos outros tipos normalmente dispõem-se a negociar em prol do amor ou da paz nas relações, enquanto o Controlador não desiste nunca de tentar ter tudo à sua maneira, fazendo o que for preciso, seja atraindo as pessoas para a sua causa, enumerando vinte razões lógicas, usando seu dom especial de intuir ou simplesmente fazendo o que quer, sem se importar com a vontade dos outros.

Outro sinal distintivo do tipo Controlador é ele não ter absolutamente nenhum critério para reagir às situações. Seja diante da decisão sobre o melhor lugar para jantar ou o melhor lugar para morar, o Controlador encara qualquer situação como se fosse uma questão de vida ou morte e transforma tudo num inferno (zangando-se e lamuriando-se, se não recorrendo à agressão explícita), caso não consiga o que quer. Ele simplesmente não consegue deixar as coisas fluírem. Nada em seu mundo pode escapar a seu controle.

A maioria das pessoas tem muitas coisas para cuidar, pelas quais assumir a responsabilidade e tomar decisões, mas para o Controlador o mundo inteiro é uma ostra e ele tem de verificar, de hora em hora, se a pérola está se desenvolvendo bem. Por mais que você diga, "Não se preocupe, querido, vai ser uma linda pérola, deixe a pobre ostra em paz", o Controlador simplesmente não consegue deixar de controlar.

O que o Controlador tem para nos ensinar

Em geral, o controle é positivo. É o que faz o mundo girar e torna possível a administração de todos os aspectos da vida. Como aspecto positivo, o Controlador nos mostra o quanto é bom termos o controle de nossos mundos. Ele também nos dá lições de poder. Pelo uso e abuso do poder, ele nos ensina que temos de nos apropriar do nosso próprio poder, se quisermos realizar algo importante em nossa vida. Por meio do exemplo, o Controlador também nos mostra o quanto é importante usarmos nosso próprio poder e não permitirmos que os outros passem por cima de nós. De fato, na presença de um Controlador, muitas pessoas aprendem a se afirmar, a dizer Não e a manter a palavra, e essa é uma lição cujo valor não deve nunca ser subestimado.

Como o Controlador é especialista em dirigir muitos espetáculos ao mesmo tempo, pelo próprio exemplo, ele também nos mostra que a vida é mais do que aquele cantinho do mundo no qual você pode estar confinado no momento. O Controlador nos mostra o quanto a vida é vasta e complexa, que existem mais níveis e áreas de experiência atuando o tempo todo do que a maioria de nós gostaria de imaginar. Ele nos faz lembrar que é importante ter uma visão do todo, que a vida é mais do aquilo que temos bem diante do nariz e que tudo em nossos mundinhos particulares faz parte de um todo maior.

E, finalmente, por usar e abusar do poder, o Controlador nos ensina o quanto é importante estar em contato com o *verdadeiro* poder, não o poder secundário e, em última instância, insatisfatório do controle, mas o poder resultante do reconhecimento de nossos verdadeiros talentos.

O que o Controlador precisa aprender sobre os relacionamentos

O Controlador tem de aprender que controlar não é o mesmo que se relacionar. Assim como o exercício do poder pessoal, as relações também oferecem suas próprias satisfações. O poder do amor é maior do que o poder do controle — muito mais divertido, romântico e gratificante do que mandar ou aterrorizar as pessoas pelo controle. O controle não é a única saída que existe. Na realidade, existem coisas maravilhosas que só podem ser recebidas e assimiladas quando abandonamos o controle — o êxtase do orgasmo, por exemplo, uma experiência tocante ou uma explosão emocional com a pessoa amada.

As relações podem também servir de inspiração para o Controlador desenvolver seu poder verdadeiro. Quem ama um Controlador o ama porque percebeu, em algum momento, a pessoa que ele realmente é — além de todas as suas características controladoras. Na verdade, em algum momento ele despiu-se e mostrou inteiramente quais são seus verdadeiros talentos, seu poder verdadeiro. A pessoa que o ama provavelmente ficou muito impressionada com isso e se ele conseguir abrir mão do controle por tempo suficientemente longo, talvez a relação possa ser o lugar seguro para ele desenvolver seus talentos. O Controlador precisa render-se ao amor. É por isso que, mais do que qualquer outra coisa na vida, as relações podem libertá-los da prisão — emocional e espiritual — que impede o desenvolvimento de seu verdadeiro poder pessoal.

O que o Controlador pode fazer para ter equilíbrio

1. Começar a identificar seu verdadeiro poder.

Paradoxalmente, quanto mais *controle* ele exerce sobre seu verdadeiro poder, maior é sua necessidade de controlar. Assumir conscientemente a responsabilidade pelo reconhecimento e uso de seu poder vai ajudá-lo a separar o que vale a pena ser controlado do que deve abrir mão. Michelangelo não estava interessado em controlar as pessoas, ele simplesmente ia para a Capela Sistina pintar seus quadros. Nem Madre Teresa; ela simplesmente realizou suas obras. Com base no poder real, o controle torna-se o que deve ser — um simples e prático instrumento diário para organizar a vida e fazer o que tem de ser feito.

Se você é uma pessoa do tipo Controladora, em algum momento da vida você perdeu — ou nunca sentiu que tinha — o seu verdadeiro poder. E agora, neste momento, você tem alguma idéia do que ele possa ser? Se tem, coloque-a no papel. Se não tem, procure retroceder ao momento de sua vida em que ele foi tirado de você, ou às circunstâncias que impediram o seu desenvolvimento.

Por exemplo, uma conhecida minha fez a seguinte descoberta com respeito a seu talento pessoal: "Acho que meu dom é liderar as mulheres. Não sei exatamente de que forma, mas é o que sinto".

"Minha jornada para o poder tem sido difícil, porque meu pai sempre me subestimou por eu ser mulher. Eu era a líder da torcida e cheguei a ser a Rainha do Baile de Formatura, mas assim mesmo ele me menosprezava. Em casa, ele era o Controlador e insistia que mantivéssemos tudo em ordem. Ficava furioso com minha mãe por ela ser relaxada e isso me deixava tão apavorada que eu estava sempre tentando fazer tudo do jeito que ele queria. Durante anos, tentei controlar minha casa e o escritório, mantendo tudo na mais perfeita ordem, a ponto de ter um jeito especial de prender o clipe no papel — acho que para evitar que ele ficasse furioso."

"Muitos anos atrás, comecei um curso de ioga e, depois de alguns anos, comecei a dar aulas, o que me deu uma sensação de ter algo para oferecer. Percebi também que minhas aulas ajudam as mulheres que as freqüentam. Dei vários seminários que também fortaleceram o poder delas. Gostaria de usar meu... — é difícil para mim dizer — *poder* para ajudar as outras mulheres a descobrir o poder que elas têm."

Se, ao contrário dessa mulher, você não tem nenhuma idéia de qual é seu poder, procure voltar à experiência mais dolorosa de sua infância para descobrir se tem alguma relação com a interrupção de seu desenvolvimento: seus dons foram desconsiderados, seus talentos para a ginástica ou para o desenho menosprezados, suas intuições foram motivo de riso, sua inteligência ridicularizada? Qual o seu talento especial que foi negado, rivalizado ou atacado? É ali que você deve procurar seu verdadeiro poder.

2. Fazer algo imediatamente para desenvolver o verdadeiro poder.

Para onde o seu verdadeiro poder quer levar você? Se o poder perdido é um talento para dançar, entre para um curso de dança, mesmo que tenha 50 anos. Se você gostava de lidar com máquinas e passou a vida inteira trabalhando como empregado da companhia de água (como é o caso de um conhecido meu), volte a estudar e faça um curso de mecânica. (Aquele conhecido meu que era empregado da companhia de água tornou-se um talentoso engenheiro mecânico na terceira idade.)

Se você tem o dom de intuir, faça um curso para desenvolver seus poderes extra-sensoriais. Se seu talento é pintar, faça um curso de pintura. Vá em frente! As satisfações resultantes do controle não são nada perto das recompensas, por mais tardias que sejam, obtidas pelo uso do verdadeiro poder.

3. Observar atentamente os sinais da sua própria raiva.

Como o seu poder lhe foi tirado, é muito provável que você tenha muita raiva acumulada. Comece a observar atentamente seus possíveis sinais. Segundo os especialistas, todos nós temos no mínimo uma dúzia de motivos por dia para ficarmos com raiva: o motorista mal-educado à sua frente, que pára bem no meio do cruzamento, impedindo que você aproveite o farol verde para passar; o teclado do computador que emperra a cada vez que você usa uma determinada tecla; o barulho do caminhão de lixo no meio da madrugada; o aquecedor de água que pifa assim que você entra no chuveiro.

A raiva só é nociva quando você não tem consciência dela. É quando começamos a servi-la como se fosse um jantar. Se você tem consciência dela — "Estou com raiva por Linda ter ligado três vezes antes das seis horas da manhã" —, pode expressá-la e ela simplesmente se dissolverá: "Linda, estou com raiva por você ter insistido em telefonar tão cedo. Eu não precisava saber os horários das sessões de cinema às cinco e meia da manhã".

Para familiarizar-se com sua raiva, comece perguntando-se a cada manhã — e depois respondendo por escrito — do que você tem raiva. Pode ser que haja uma dúzia de motivos para você ter raiva hoje, ou, à medida que você vai tomando mais consciência de como foi controlado, agredido ou privado de seu verdadeiro poder, pode emergir um grande acúmulo de raiva do passado (Tenho raiva por meu pai sempre ter ridicularizado meus trabalhos escolares. Tenho raiva por minha mãe nunca ter me deixado cantar no coro da igreja). Conheça bem a sua raiva.

4. Perceber como você é Controlador nas relações e abrir mão do controle em alguma área.

Se você gosta de manter tudo em perfeita ordem, separe um cômodo da casa e abandone-o ao caos por um mês. Se gosta de dominar as conversas — interrompendo constantemente, terminando as frases começadas pelos outros ou rindo tanto que deixa as pessoas sem graça — decida que não vai fazer nenhuma interrupção por um mês (e se não conseguir colocar a decisão em prática, coloque um elástico no pulso e dê-lhe um puxão toda vez que pensar em abrir o bico).

Se você usa o controle para manipular as pessoas — como chegar por acaso na casa de sua namorada exatamente na hora em que ela está fazendo o jantar e ficar sentado enrolando até ela convidá-lo para jantar com ela — comece reconhecendo para você mesmo que é um manipulador. Não só isso, mas também convide sua namorada para jantar fora. Você deve isso a ela.

Enquanto pratica esses exercícios, observe o que está acontecendo. O mundo acabou porque você abriu mão de uma parte de seu controle? Alguém passou a amar menos você? O que mais você pode fazer com sua energia? Malhar na academia de ginástica? Fazer uma visita a um amigo que está doente? Ler um livro e aprender algo novo? Orar pela paz mundial?

Meditação para o Controlador

Gostaria de abrir mão do controle. Já controlei demais. Quero agora ter coragem para saber qual é meu verdadeiro poder. Estou disposto a descobrir de que maneira o perdi para poder recuperá-lo e usá-lo em benefício do mundo. E enquanto faço isso, ser amado.

Afirmações para ter equilibrio

Não tenho de estar a par de tudo.
Posso abrir mão do controle em algumas situações.
Às vezes posso deixar que prevaleça a vontade de outra pessoa.
Tenho algo importante e maravilhoso para fazer.

O ABNEGADO

"Chame sempre que precisar."

De todos os tipos de personalidade, o Abnegado é aquele que gosta de prestar favores, facilitar as coisas, consolar e solidarizar-se com os outros. Ele é caloroso e preocupado com os outros, como a mulher que se oferece para fazer sozinha os doces para a festa na escola dos filhos, porque vê o quanto as outras mães estão ocupadas. É o sujeito que se dispõe a dirigir doze horas para ver um amigo cujo tempo é mais valioso do que o dele. Para o Abnegado, a felicidade e o bem-estar dos outros está sempre em primeiro lugar.

O tipo Abnegado é muito sensível emocionalmente. Como é sempre muito compreensivo, as pessoas correm para ele em busca de atenção e apoio, coisas que ele é especialista em dar. Muitos terapeutas, professores, cabeleireiros, garçons — qualquer profissão na qual é de suprema importância a capacidade de ouvir, compadecer-se ou cuidar dos outros — fazem parte desse tipo. Mas mesmo que não usam o próprio talento para agradar como um meio de ganhar a vida, as pessoas desse tipo ocupam grande parte de seu tempo prestando ajuda aos outros. (Uma Abnegada conhecida minha foi aconselhada desde cedo por seu pai a tornar-se terapeuta, para não passar a vida, segundo ele, distribuindo seu talento de graça.)

A pessoa Abnegada tem dificuldade para dizer Não. Não importa o que o outro queira ou por mais inconveniente que seja, ela está sempre disposta a fazê-lo. É mais fácil chover canivetes do que ela dizer: "Não, você não vai poder vir no dia de Ação de Graças. Já fiz outros planos". A capacidade de adaptar-se é a qualidade que define melhor esse tipo de personalidade. Em uma desavença, se alguma vez chega a discordar de algo, ela apressa-se a enxergar o ponto de vista do outro e imediatamente volta atrás.

Bettina, uma loira alta do tipo nórdico, tem uma beleza extraordinária. Paradoxalmente, sua auto-estima é muito baixa. Quando criança, ela foi ignorada pelos pais que, se é verdade o que ela conta, preferiam seu irmão mais velho a ela. Ele era forte e inteligente e acabou assumindo a madeireira da família, que era tudo o que importava para eles.

Bettina era tão bonita que já na escola primária suas colegas começaram a se afastar dela. As outras meninas tinham inveja dela e, por isso, ela nunca foi aceita em nenhum grupo ou time. Pelo contrário, era sempre deixada no banco de reserva até o último minuto. Somado à rejeição dos pais, isso a fazia sentir-se só e desprezível. Para corrigir esse desequilíbrio, ela tornou-se uma típica Abnegada, dividindo sua merenda, sua mesada e até mesmo suas roupas com as colegas de escola, chegando ao ponto de ser considerada uma tola, de quem se podia tirar vantagem.

Até hoje, já adulta, sua beleza continua sendo extraordinária, mas ela ainda se pergunta se merece fazer parte de algo e vive paparicando os outros. Está sempre se oferecendo para ajudar, prestar favores, assumir encargos, pagar almoços, além de ser extremamente compreensiva, o que não é nada comum em pessoas com a beleza dela.

Sinais reveladores do tipo Abnegado

- Costuma rebaixar-se.
- Não consegue aceitar elogios nem receber facilmente presentes e atenções.
- No fundo sente como se não fosse suficientemente bom.

- Tem dificuldades para tomar decisões.
- Está sempre tentando melhorar para receber amor.
- É prestativo, respeitoso, solícito e compassivo.
- A visão que tem de si mesmo não corresponde à visão que os outros têm dele.

Um olhar mais atento: características típicas do Abnegado

1. O Abnegado tem pouca auto-estima. Interiormente ele se sente *inferior* e não acha que é bom o bastante.

As pessoas desse tipo são tão agradáveis, afetuosas e generosas que os outros acham difícil acreditar que não sejam também amáveis e generosas com elas mesmas. Bem no fundo, entretanto, elas não se sentem merecedoras de amor e sofrem por isso. Elas nunca se sentem suficientemente boas para serem escolhidas ou para lutarem pela pessoa que imaginam que poderia fazê-las felizes. Mesmo quando têm uma relação, estão sempre com um pé fora dela, julgando o próprio comportamento e tentando ser suficientemente boas para a merecerem.

Sem que os outros saibam, em seu interior está sempre ocorrendo um monólogo autodestrutivo dizendo que ele não está à altura: Não sou suficientemente bom, suficientemente bonita, elegante, rica, inteligente, etc. Não tenho nenhum vestido apropriado para ir à festa. Meu cabelo está um horror. Não tenho dinheiro suficiente para fazer um bom programa com ela. Sou gorda demais. Estou fora de forma. Minhas coxas são horríveis. Meu cabelo é fino demais, grosso demais, crespo demais, curto demais ou longo demais. Não mereço ser amado. Minha família não era importante. A escola em que estudei não era boa. Sofro de dislexia. Meu pai era um beberrão. Fomos criados à margem da sociedade.

Tudo isso e centenas de outras grandes e pequenas contrariedades que os outros nem podem imaginar. "Tenho esta verruga horrível no rosto" ou "Minhas meias estão furadas" tornam-se motivos para o Abnegado não ter uma relação ou, se já a *tem*, continuar esforçando-se para merecê-la.

2. Tem uma idéia equivocada de si mesmo.

O Abnegado não consegue enxergar quem ele realmente é. Não conhece seu próprio valor. Não tem certeza, como todos os outros tem, de que tem direito de existir. Muitos deles têm também uma imagem extremamente distorcida do próprio corpo, imaginando que são gordos demais e pouco atraentes. Por isso, podem apresentar distúrbios alimentares ou outras compulsões. A mulher anoréxica ou bulímica que nunca se acha suficientemente magra, o homem que bebe para se sentir forte ou a mulher que bebe em excesso para desinibir-se e ser a alegria da festa são todos do tipo Abnegado lutando contra o sentimento de vergonha.

O ego do Abnegado é inadequado. Ao contrário do Narcisista que se considera o centro do universo, o Abnegado acha que não merece absolutamente estar nele.

3. O Abnegado está sempre se esforçando para merecer ser amado.

Como a condição normal subjetiva do Abnegado é lutar com sua falta de merecimento, quando ele está disposto a ter ou já tem uma relação, ele está sempre se esforçando. Esforçando-se para manter a casa limpa e com isso merecer o marido, esforçando-se para pagar as contas e merecer a mulher que tem. Lutando para perder peso e com isso satisfazer o namorado, esforçando-se para ser o parceiro sexual perfeito e a garota que ele ama não abandoná-lo.

Tendemos a achar que só as mulheres têm problemas de auto-estima, mas, na verdade, os homens também têm. Um homem contou-me que manteve sua esposa num pedestal durante anos, esforçando-se tanto para merecer uma mulher linda como ela que teve um ataque cardíaco aos 49 anos. Ele só poderia se tornar merecedor dela se realizasse todos os seus sonhos. Quando, apesar de todos os seus esforços para merecê-la, ela o abandonou depois de vinte e três anos de casamento, dizendo que nunca seria feliz com ele, ele teve de enfrentar todos os seus piores medos de não ser merecedor e, depois de sua partida, conseguiu, afinal, chegar à conclusão de que fora um bom marido. Ou, como colocou mais tarde, "um marido bom demais".

Conheço uma jovem que, por sofrer de diabetes e viver lutando com essa doença, achava que nunca poderia se apaixonar. Em vez de ver o problema como algo que a pessoa que a amasse aceitaria e, por isso mesmo, iria querer protegê-la, ela estava sempre tentando esconder sua doença, pagando suas despesas médicas em segredo. Ela vivia dizendo a si mesma que, se conseguisse pagar aquela última despesa médica, então, talvez, ela pudesse ter uma relação.

Como a mulher que limpa a casa antes de a faxineira chegar, esperando com isso que, ao encontrá-la tão limpa, ela nunca deixe o emprego, o Abnegado nunca se sente totalmente merecedor e, por isso, tem de estar sempre lutando e se esforçando. Nunca chega a se sentir totalmente merecedor de algo. Se o mundo é bom e bonito para os outros, é porque eles fizeram algo para merecê-lo assim. Mas, no seu âmago, o Abnegado não se sente à altura e acha que de alguma maneira terá de superar a diferença entre quem ele é o que imagina que deveria ser.

4. Ele desrespeita os próprios limites para satisfazer os outros e acaba muitas vezes doente.

Por não se sentir merecedor, o Abnegado está sempre tentando agradar todo mundo. É como se, no fundo, ele dissesse: "Quem sabe, se eu puder fazer com que os outros se sintam importantes e felizes, eles acabem fazendo com que eu próprio me sinta importante".

Sempre curvando-se à vontade e às preferências dos outros, ele nem chega a saber o que ele mesmo quer. É o tipo de pessoa que está sempre disponível para todo mundo, porque, lamentavelmente, não tem certeza de seu próprio valor. Ele sorri e diz Sim a todo tipo de solicitação. Não consegue dizer Não e dá demais de si próprio. Por isso, esgota-se e está sempre endividado ou com problemas de saúde.

Bonnie, conhecida de longa data por sua generosidade, não se cansava de ajudar os outros. Levava comida para as pessoas doentes, emprestava dinheiro aos necessitados e chegou a assinar o contrato de aluguel de um carro para um amigo que acabou sofrendo um acidente e não tinha dinheiro (nem seguro) para pagar os danos. Sem recursos para cobrir essa dívida, ela alugou um quarto em sua casa para um desconhecido que precisava de um lugar para morar temporariamente, e essa pessoa acabou com todos seus mantimentos. Foi só quando caiu na calçada e quebrou um braço que ela "percebeu" o que fazia: enquanto tomava conta de todo mundo, ninguém se preocupava com ela, e muito menos ela mesma.

5. O Abnegado não consegue aceitar elogios.

Se você acha bonito o vestido vermelho que ela está usando, ela dirá que o tem há muitos anos. Se você diz que sua aparência está ótima, ela acha que você está brincando, porque passou a noite sem dormir. Se você lhe dá os parabéns pelo novo emprego, ele lhe diz que algum conhecido obteve um com salário mais alto ou que o cargo não é nada demais. A capacidade dele para receber elogios foi tão profundamente afetada que seu radar interior não está sintonizado para receber qualquer sinal positivo.

Uma vez que só conseguimos captar as informações de fora que estejam no mesmo nível de estima dos nossos sentimentos, o Abnegado tem de rejeitar qualquer elogio, afirmação ou louvor que esteja muito acima da opinião que ele tem sobre si mesmo. Na verdade, seu aparato interior não é capaz de receber as informações positivas que lhe são transmitidas. Assim como um determinado copo só pode conter uma certa quantidade de água e não mais, o Abnegado que se autodeprecia não consegue conter uma torrente de sentimentos positivos que possa vir em sua direção. O copo dele já está transbordando de sentimentos inadequados, negativos, feios ou indignos.

6. O Abnegado tem dificuldade para tomar decisões.

Como ele é muito sensível às necessidades dos outros, o Abnegado costuma ter muita dificuldade para tomar decisões, por menores que sejam, ou, quando as toma, de levá-las a cabo. Se a decisão é importante, ele provavelmente vai consultar todas as pessoas que conhece e depois seguir o conselho de alguma delas — ou a resposta comum de todas as consultadas. Isso não a leva necessariamente a uma ótima decisão, uma vez que a maior interessada, ela mesma, não foi consultada.

Por outro lado, quando toma uma decisão por conta própria que contrarie o interesse de alguém, é comum ele voltar atrás: "Eu tinha decidido tirar duas semanas de férias porque estou muito cansada, mas como você quer que eu trabalhe em seu lugar enquanto faz um *peeling*... vou ver".

Diferentemente do Sangue de Barata, que analisa os fatos e toma suas decisões com base neles, o Abnegado está sempre enredado num remoinho de sentimentos: seus próprios, se ele tem ou não o direito de fazer, comprar ou dizer isso ou aquilo, em função de suas possíveis conseqüências para os outros; e dos outros: de que maneira as necessidades dos outros vão interferir ou complementar suas próprias. Em conseqüência disso, ele acaba muitas vezes não fazendo nada.

Por que amamos o Abnegado

Nós o amamos porque é ótimo estar com ele. Ele está sempre querendo nos agradar, é dócil, tem boa índole, gosta de cooperar, é prestativo e está sempre disponível. Para tentar ajudar você, ele está disposto a abrir mão de seus interesses e acomodar até mesmo as circunstâncias mais difíceis e confusas de sua vida. Ele consegue encontrar o presente perfeito, dar uma esplêndida massagem de duas horas ou envolver seus pés frios num cobertor quente. Estar na presença das pessoas desse tipo é como estar num banho quente de amor, atenção e devoção. Elas ouvem com atenção os problemas do outro e sabem exatamente o que dizer para que ele se sinta melhor. Podemos sempre contar com ele para qualquer coisa que precisarmos, porque as necessidades dos outros são sempre mais importantes do que as dele mesmo.

Ele coloca em seus relacionamentos a mesma sensibilidade altamente desenvolvida que criou seus sentimentos de não-merecimento. Ao contrário do Exaltado, ele não faz cena, esbraveja ou xinga o outro. Nem ocupa todo o espaço da relação como faz o Narcisista. Como sua sensibilidade é extremamente sofisticada, quando estamos na presença de um Abnegado, podemos perceber como as pessoas expressam suas emoções e reações de forma diferente. É esse sofisticado repertório de sentimentos que o Abnegado expressa em suas respostas aos outros, o que é uma bênção para todos nós dos outros tipos.

Ele dispõe-se também a trabalhar arduamente, até mesmo a fazer o trabalho sujo se necessário e, quando o problema é a relação, normalmente ele fica tão feliz por ter sido escolhido para ser amado, que tende a ser extremamente generoso e explícito em sua apreciação.

Por que o Abnegado nos irrita

Os pretendentes, os cônjuges e os parceiros dos Abnegados acabam tendo problemas com eles, porque, como eles não conseguem usufruir dos prazeres do momento, costumam despejar uma ducha de água fria sobre a relação. Eles simplesmente não conseguem relaxar e gozar das coisas boas da vida. Muitos deles estão tão centrados em seus próprios defeitos e limitações que não conseguem desfrutar os prazeres que a relação está oferecendo. Estão tão ocupados lembrando o parceiro de que não são realmente merecedores do amor que estão recebendo que, muitas vezes, acabam não conseguindo partilhar da felicidade que o outro está sentindo. Em resumo, eles são, emocionalmente, verdadeiros desmancha-prazeres. Estão sempre puxando o outro para baixo, para o nível da própria vergonha ou falta de autoconfiança, porque é assim que realmente se sentem.

Lauren e sua melhor amiga, Shirley, estavam passando férias juntas quando decidiram, certa noite, descer para jantar no restaurante do hotel. Quando Lauren descobriu que não tinha nenhum vestido apropriado para a ocasião, Shirley emprestou-lhe um e, quando logo depois, ela percebeu que não tinha sapatos que combinassem com o vestido, Shirley ofereceu-lhe um par muito atraente. Lauren calçou os sapatos e ficou linda, mas, espantada com sua própria beleza ao ver-se nas roupas de Shirley, ela ficou constrangida. Em vez de agradecer à amiga, ela ficou repetindo: "Este vestido fica melhor em você, eu não devia estar com ele" ou "Vou estragar seus sapatos, meus pés são grandes demais e vão alargá-los". Devido à sua baixa auto-estima, em vez de simplesmente aceitar a generosidade da amiga, ela insistiu tanto nas suas inadequações que, no final das contas, em vez de apreciar o jantar, Lauren acabou estragando a noite.

O Abnegado cansa os outros com sua falta de auto-estima. Mais cedo ou mais tarde, observando-o atentamente, você percebe que, por mais que reafirme seu amor por ele, admire sua beleza, talento ou sabedoria, ele não acredita, pelo menos por não mais de alguns minutos. Por mais que você de fato o admire e tente elevar sua auto-estima, ele sempre acaba voltando a seu estado habitual de insegurança e autodepreciação. Por fim, você se cansa de despejar valores positivos num poço aparentemente sem fundo e, ironicamente, é essa mesma insegurança dele quanto ao seu amor que acaba fazendo com que você deixe de amá-lo.

Por mais fascinante que sua indecisão possa nos parecer no início, esse fascínio também acaba se desfazendo. Gostaríamos de, pelo menos de vez em quando, vê-lo fazer algo que não fosse sofrer e consultar todo mundo para decidir sobre qualquer coisa, mesmo a mais insignificante. Com o passar do tempo, sua indecisão cansa.

O que acontece realmente com ele

Por trás de sua baixa auto-estima, o Abnegado sofre de um profundo e constante sentimento de vergonha. *A ferida emocional dele é um profundo sentimento de não-merecimento.* Muitas pessoas desse tipo provêm de famílias em que havia um sentimento de vergonha que, mesmo não sendo mencionado, impregnava toda a atmosfera da casa. Essa vergonha podia ser dos pais por serem pobres, pela gravidez indesejada que resultou num casamento forçado, por serem incapazes de sustentar a família ou por alguma outra circunstância fora de seu controle, o fato é que a criança que se tornaria um adulto Abnegado "percebia" essas coisas e essa percepção é a causa de seus sentimentos de culpa e não-merecimento.

Tracy, cujos pais "foram obrigados a se casar" porque sua mãe estava grávida dela, sempre teve um sentimento inconsciente de vergonha por ter sido uma criança indesejada. Ela cresceu num ambiente em que a vergonha de sua mãe por ter engravidado antes do casamento permeava toda a sua relação com o marido e manifestava-se em forma de críticas constantes a ele. Tracy se sentia culpada pelo tratamento que a mãe dispensava ao pai e, para aliviar sua culpa, estava sempre tentando prestar-lhe favores especiais.

Outra causa que pode fazer com que uma criança se torne um adulto Abnegado é não ter recebido os cuidados necessários. Quando os pais não lhe dão de comer, nunca estão em casa quando ela volta da escola, deixam-na dormir numa cama que mais parecem ninho de ratos ou a violentam sexual ou verbalmente, a criança não pode deixar de sentir vergonha. Isso não é uma mera abstração. Pelo tratamento que os pais lhe dispensaram, essa criança teve uma experiência concreta de não-merecimento.

Em alguns casos, foram unicamente as circunstâncias difíceis que deram origem ao sentimento de não-merecimento. Russell, o caçula de uma família de dez filhos, sempre sentiu que não devia ter nascido, porque sua família estava sempre enfrentando dificuldades. Por mais boa vontade que seus pais tivessem, e eles de fato tinham, ele via que ambos estavam sempre prestes a entrar em desespero, às vezes a ponto de ficarem exasperados e histéricos em suas longas e penosas discussões sobre dinheiro, à mesa da cozinha. Ele achava que, se não tivesse nascido, tudo seria mais fácil. O sentimento de que sua existência era um problema gerou os sentimentos de culpa e não-merecimento que ele passou a expressar, quando adulto, a expressar em forma de generosidade excessiva e também de incapacidade para acreditar que alguém pudesse gostar realmente dele.

Outro caso semelhante é o de Suzanne que, até os 46 anos, nunca foi capaz de manter um relacionamento duradouro, apesar de ter tido muitos pretendentes. Finalmente, ela confessou a Roger, um namorado que estava realmente disposto a desposá-la, que durante toda a infância tinha dormido na mesma cama que a irmã, que sempre molhava os lençóis. Ela então ia para a escola cheirando a urina e era maltratada pelos colegas, que a chamavam de "Suzanne fedida". Por toda a vida, ela sentira tanta vergonha que evitava se aproximar muito das pessoas com medo de aquele fedor ainda ser sentido. Foi só quando Roger lhe perguntou francamente por que ela resistia tanto ao casamento que ela acabou desenterrando o "segredo terrível" que dera origem a seus sentimentos de vergonha e não-merecimento.

Esse sentimento de vergonha pode também, em alguns casos, estar relacionado com um problema de saúde mental na família. Elaine tinha uma mãe esquizofrênica que costumava aparecer na escola em trajes impróprios e ameaçava matar todo mundo no pátio de recreio. Phyllis tinha um irmão esquizofrênico que passara anos internado. Toda vez que lhe perguntavam sobre sua família, ela não sabia se devia dizer que tinha um irmão ou fazer de conta que ele não existia.

Qualquer que seja sua circunstância específica, o Abnegado atormentado pela vergonha teve sua auto-estima destruída e, por isso, está sempre se esforçando para acreditar que merece existir, ter sucesso na vida, receber a dádiva do amor ou a bênção de uma relação. Porque o Abnegado sempre tem a esperança, embora sem acreditar realmente nela, que algum dia poderá de alguma forma livrar-se do fato vergonhoso e tornar-se digno de ser amado.

O que diferencia o Abnegado de todos os outros tipos

As pessoas do tipo Abnegado nunca chegam a acreditar realmente em si mesmas. Em silêncio ou em voz alta, elas estão sempre encontrando defeitos em si próprias e são incapazes de aceitar presentes ou elogios. As pessoas dos outros tipos podem ter sentimentos passageiros de não-merecimento, mas em geral elas conseguem reconhecer suas falhas ou limitações *específicas* e ainda assim manterem um sentimento saudável de auto-estima pelo que são na sua totalidade.

Em vez de estarem sempre se perguntando se merecem ser amadas, as outras pessoas conseguem iniciar um relacionamento, ver os rumos que ele toma e fluir com ele, sentindo que o merecem. Ao contrário, o Abnegado está sempre lutando com sua dúvidas quanto a ser merecedor e se questionando: "Mereço realmente essa relação?" Ou, quando tudo vai bem, continua perguntando se a merece. "*Por que* você me ama?" ele pergunta tantas vezes que o outro se cansa de responder.

Enquanto as pessoas dos outros tipos podem dizer, "Estou com a aparência um pouco cansada hoje", as Abnegadas costumam dizer algo bem diferente: "Estou sempre com a aparência cansada", ou, "Detesto meu cabelo", em vez de "Meu cabelo está horrível hoje". Qualquer um de nós pode dizer, "O cara que conheci na festa é um idiota", o que para o Abnegado seria, "Nunca conheço nenhum cara que preste".

As pessoas equilibradas sabem que são imperfeitas e que têm limitações, mas também sabem, com base nos fatos reais, que têm valor. Elas sabem que têm qualidades positivas que as tornam merecedoras de amor e também sabem que seus defeitos ou limitações não impedem que sejam amadas.

O que o Abnegado tem para nos ensinar

Resumindo numa frase: ele nos ensina que as outras pessoas importam. Que é importante que cada um de nós coloque de lado, de vez em quando, nossas próprias necessidades para cuidar de outra pessoa necessitada. Às vezes, é importante, e até mesmo necessário, sacrificar-se pelo outro, coisa que, por fazer com tanta facilidade e sem reclamar, o Abnegado se torna um exemplo nobre para todos nós.

O Abnegado é também grande mestre em empatia, aquela capacidade de colocar-se no lugar do outro e sentir o que ele está sentindo. Seria muito bom se todos nós cultivássemos essa capacidade, especialmente se quisermos ter relacionamentos profundos que nos dêem apoio e afeição, uma vez que cada um de nós tem sua própria ferida e, muitas vezes, o que o outro pode fazer é apenas ouvir e confortar silenciosamente.

Por último, o Abnegado nos ensina que algumas virtudes simples, como a solidariedade, a compaixão, a bondade e a humildade, contribuem muito para tornar nosso mundo e nossos relacionamentos mais gratificantes. Com sua bondade ilimitada, o Abnegado cria ninhos aconchegantes para o verdadeiro amor.

O que o Abnegado precisa aprender sobre os relacionamentos

O Abnegado precisa entender que, mais do que qualquer outra experiência humana, uma relação pode lhe mostrar o quanto ele é importante, maravilhoso e digno de amor. Para quem cresceu sentindo vergonha e achando-se, em algum sentido *inferior* aos outros, o amor é o melhor remédio. Se se dispuser a correr o risco e praticar os exercícios descritos a seguir, ele vai descobrir que não apenas pode ter uma relação, mas que também é possível mudar os sentimentos que nutre com relação a si mesmo.

O Abnegado tem de saber que não precisa evitar as relações por não se sentir suficientemente bom para merecê-las. Mas, antes, que a relação é algo que por si só o fará se sentir melhor consigo mesmo. Sozinho, por seus próprios esforços, ele talvez nunca chegue a se sentir digno de uma relação. Mas correndo o risco de ter um relacionamento, ele vai começar a sentir que o merece, porque a cada dia, a cada momento, de inúmeras maneiras, a relação vai ajudá-lo a desenvolver e fortalecer seu senso de valor próprio. O fato de seu marido sempre voltar para você, de sua esposa estar do seu lado mesmo quando perdeu o emprego, de os outros admirarem o modo como vocês se relacionam, de os filhos o adorarem, tudo isso ajuda a aumentar gradativamente a sua auto-estima, ao ponto de não ter mais de questionar seu valor e poder simplesmente relaxar e desfrutar a relação.

O que o Abnegado pode fazer para ter equilíbrio

Como a vergonha é seu maior problema, o Abnegado tem de descobrir quem ele é realmente, incluindo o reconhecimento de seu próprio valor, bondade e beleza. Enquanto a maioria das outras pessoas tem de aprender a reconhecer as próprias falhas, as Abnegadas têm de aprender a reconhecer seus dons e adquirir um senso de valor próprio.

1. Livrar-se da programação negativa.

O Abnegado precisa, acima de tudo, livrar-se do seu programa de autoflagelação. Esvaziar-se dele, largá-lo em alguma moita à beira do caminho. Se você é uma pessoa do tipo Abnegado que se subestima, você pode iniciar o processo de mudança examinando realisticamente seu complexo de inferioridade.

Para ser realmente honesto consigo mesmo, pergunte-se o que você tem de tão desprezível. "Ninguém é perfeito!", como dizíamos uns aos outros quando éramos pequenos. Faça uma lista de seus defeitos ou qualidades "inferiores" e pergunte-se se são realmente tão graves. Pense no seguinte por um minuto: Você aceitaria essas mesmas limitações em outra pessoa? Por exemplo, "Sinto-me desprezível por estar oito quilos acima do meu peso e não conseguir entrar no meu *jeans*". "Não faço exercícios como deveria." "Tive dificuldade para decidir que carro comprar e demorei demais para chegar a uma decisão." "Esqueci de enviar a Sue uma resposta agradecendo pelo convite que fez."

Concluída a lista, escreva, num parágrafo o que você, com toda sua compaixão, responderia a quem lhe confessasse fazer tais julgamentos sobre si mesmo. Se o que você escrever fizer com que lágrimas aflorem em seus olhos, é sinal de que fez um bom trabalho.

2. Descrever a si mesmo do ponto de vista de alguém de fora.

Se conhecesse a você mesmo numa festa, o que você veria? O que acharia atraente e intrigante em si mesmo? O que apreciaria mais? Faça essa descrição por escrito (ou, se preferir, expresse-a em voz alta) e em seguida escreva (ou diga), "O que eu gostaria realmente de saber sobre a pessoa que acabei de descrever". Se isso for muito difícil, peça a alguém em quem confia para lhe descrever.

Diane, uma jovem advogada bem-sucedida que tinha se subestimado durante todo o curso de direito, costumava fazer julgamentos negativos a respeito de si mesma, porque seus pais tinham sido demasiadamente pobres para financiar seus estudos. Ela sempre trabalhara por tempo integral e, por isso, não conseguia ter as notas altas que esperava. E, quando formou-se, não conseguiu trabalho no escritório de advocacia de seus sonhos e, de novo, ela sentiu (como sentira a maior parte de sua vida) que por seus pais serem pobres, ela não era suficientemente boa em muitas coisas.

Quando ela conheceu Jeff num evento social promovido pela Câmara de Comércio, ela se sentiu intimidada com a boa aparência dele, mas ele ficou intrigado com ela e resolveu procurá-la. Finalmente, no terceiro encontro deles, ela lhe confessou o quanto se sentia constrangida por suas notas no curso de direito e por seu trabalho atual num escritório de advocacia medíocre. Concluiu dizendo que, por essas coisas, sentia-se pouco à vontade para sair com ele, que tinha sua própria agência de seguros.

Ele ouviu-a atentamente e depois descreveu como ele a tinha visto. Disse, "Vi uma mulher atraente de trinta e poucos anos, que pareceu-me estar fazendo o impossível. Não me importei com o fato de você trabalhar num escritório de advocacia que não está entre os melhores do estado. Simplesmente vi que você era uma jovem forte e bem-sucedida que teve coragem para encarar o desafio de ser advogada, quaisquer que tenham sido suas notas e quem quer que tenha financiado seus estudos. O fato de você ser um pouco tímida também me atraiu. Isso, numa advogada, tornou você ainda mais atraente. A combinação de inteligência e timidez tornou você absolutamente irresistível para mim".

Graças a Jeff, Diane acabou mudando a imagem que tinha de si mesma. Você também pode fazer o mesmo.

3. Reformular a imagem que tem de si mesmo.

Como o Abnegado não tem uma imagem muito positiva de si mesmo e como essa imagem distorcida foi criada já na infância, ele precisa reformulá-la quando adulto. É possível desenvolver a própria auto-estima, apesar da crença amplamente difundida no contrário. A auto-estima não é uma lata de conserva. Você tem de renová-la a cada dia.

Para começar esse processo, compre um caderno ao qual pode dar o nome de "Livro da Auto-Estima". Escreva nele tudo de bom que as pessoas dizem sobre você. Abaixo, coloque a data e o nome do autor: "Você tem um belo sorriso". "Você é muito bom e generoso." "Você está com uma aparência ótima; este pulôver verde fica muito bem em você." "Veja só, você está em perfeita forma. Imagino que esteja freqüentando uma academia." "Seus filhos são lindos." "A torta estava deliciosa."

Note como você recebe os elogios e como, à medida que os nota (e os assimila), recebe cada vez mais.

Desenvolvemos nossa auto-imagem a partir do que os outros nos dizem e nos fazem ver. Mesmo que ela seja negativa ou subdesenvolvida, você pode começar agora mesmo a tomar consciência de todas as coisas boas que percebe, aprecia e valoriza em si mesmo — e criar uma *nova* auto-imagem com base nelas. Fazendo isso, você verá surgir aos poucos alguns novos atributos como sendo os seus mais proeminentes — sua inteligência ou seu senso de humor, sua lealdade como amigo. Também perceberá o quanto as pessoas valorizam você — e que você também pode se valorizar.

Portanto, comece agora mesmo. Quais as palavras que você ouviu e as experiências que teve hoje que demonstram o quanto você é importante? Nunca é tarde demais para descobrir quem você é realmente.

4. Parar de fazer o que sempre fez para merecer o amor das pessoas.

O que você costuma fazer para ser amado? Você faz café todos os dias no escritório, quando cada um deveria fazer um dia? Protege com mentiras um dos colegas do escritório porque ele sempre chega atrasado? Promete fazer coisas que na realidade não tem tempo para cumprir? Empresta dinheiro que na realidade não tem?

Quaisquer que sejam as áreas em que você procura agradar, abandone-as. Se for mais de uma, o que acontece com a maioria das pessoas desse tipo, escolha uma para abandonar a cada semana. Diga ao colega de trabalho que não vai mais protegê-lo. Que compre um despertador. Peça a alguém para fazer o café ou estabeleça um rodízio em que cada um faz um dia. Diga NÃO a uma das muitas solicitações de seu tempo ou atenção. Depois diga Não a outra. Diga NÃO três vezes seguidas. Se todo mundo telefona para lhe falar de seus problemas, desligue o telefone ou providencie a troca do número. Ou deixe uma mensagem dizendo, "Estou muito ocupado para atender agora. Não sei quando vou poder retornar a chamada".

Um ótimo exemplo de pessoa do tipo Abnegado que conheço tinha um ombro largo e aconchegante para confortar os outros: ouvia os problemas de todo mundo, inclusive de seu pai e sua mãe. Durante muitos anos, a mensagem em sua secretária eletrônica era amável e convidativa: "Oi", ela dizia, "deixe sua mensagem dizendo o motivo de sua chamada e como posso ajudá-lo". Quando começou o processo de equilibrar-se, ele apagou-a e substituiu-a por "Aqui é Daniel. Não posso atendê-lo". Não só o tom não era receptivo, mas com sua mensagem curta, ele estava dizendo que era uma das pessoas que necessitava de sua atenção. Tinha finalmente conseguido colocar-se na sua própria lista.

Se você é o sujeito que sempre paga as bebidas, pare de fazê-lo. Quebre seus cartões de crédito. Queime seu talão de cheques. Pare de sair com outros e pagar a conta. Simplesmente pare de sair. Pode não ser tão divertido como costumava ser, mas você terá mais dinheiro no bolso e poderá até mesmo constatar que sobra dinheiro suficiente para pagar aquele curso de pintura que sempre quis fazer ou para aquela viagem à praia que vem adiando há anos.

5. Praticar a arte de receber.

Se alguém lhe dá um presente, você não tem de retribuí-lo. Um presente, um elogio, uma peça de roupa que não serve mais, uma ida ao cinema — em vez de correr a uma loja para comprar algo do mesmo valor, aprenda a receber o que lhe é dado e simplesmente agradecer: "Muito obrigado pelo pulôver preto. Sei que vou adorar usá-lo".

Dizer "Muito obrigado" é uma das maneiras de *descobrir* que merecemos. Quando você diz "Muito obrigado", está dizendo que realmente o recebeu, aceitou e apropriou-se do que lhe foi dado. O cérebro recebe a mensagem de que você recebeu um presente. Ele guarda essa informação e a passa *para você* quando você se ouvir dizendo, "Muito obrigado". Isso lhe confirma a mensagem de que você merece.

E a propósito, comece a agradecer a pessoa que decidiu lhe dar uma chance no amor: "Muito obrigado pelo encontro". "Obrigado pelo excelente jantar." "Obrigado por ter-me escolhido para este programa." "Obrigado por tratar-me tão bem."

Sei que é difícil. Uma jovem Abnegada que conheço concordou em fazer o favor de levar seu chefe ao aeroporto. Sabendo que ela era uma estudante com dificuldades financeiras, ele deu a ela uma nota de 20 dólares como expressão de sua gratidão. "Não, não", disse Carmella, recusando-a. "Foi um prazer fazer isso por você." Depois de tentar forçá-la pela segunda vez a receber o dinheiro, ele desistiu, dobrou a nota e colocou-a de volta em sua carteira.

Mais ou menos uma semana depois, Carmella recebeu dele uma outra incumbência. Quando foi pegar o carro, descobriu que estava sem gasolina e que só tinha 32 centavos na carteira. Constrangida, ela voltou ao escritório, dizendo, "A propósito, você se importaria" — e para isso ela precisou reunir toda a sua coragem — "em dar-me aqueles 20 dólares que quis me dar na semana passada? Hoje estou realmente precisando deles".

Se as circunstâncias não fossem de extrema necessidade, ela jamais reconheceria que merecia alguma compensação por sua presteza em servir. Às vezes, as circunstâncias têm de nos ensinar.

6. Observar o que faz pelos outros e perceber como projeta neles suas próprias necessidades.

As pessoas do tipo Abnegado costumam dar exatamente o que gostariam de receber. Isso porque no fundo elas *reconhecem* suas próprias necessidades, apesar de não se permitirem trazê-las à consciência. É por isso que, quando percebem as necessidades dos outros, elas sabem o quanto elas se sentiriam bem se tivessem suas próprias necessidades satisfeitas: Sei que ela gostaria que alguém a ajudasse a trocar o pneu, porque com certeza eu gostaria se alguém me ajudasse a resolver tal encrenca.

Note como você projeta seu próprio valor nos outros. Quando os vê, você sabe que eles merecem ter seus sonhos realizados. É como se estivesse dizendo para si mesmo: *eles* merecem receber ajuda; eles merecem ter suas necessidades satisfeitas. *Eles* merecem comida, atenção, elogios, cuidados, tempo, generosidade, apoio emocional. Você entende porque sabe o quanto se sentiu mal, triste e envergonhado por não ter tido suas necessidades satisfeitas quando criança. Mas de alguma maneira, desde então, sempre colocou suas necessidades de lado.

Ao tomar consciência do que está sempre fazendo pelos outros, você também toma consciência, embora um pouco tardiamente, de suas possíveis necessidades. E é precisamente a partir dessas necessidades que você pode começar a pedir ajuda, atenção, apoio e camaradagem para si mesmo. Quaisquer que sejam as necessidades dos outros — tempo, disposição, disponibilidade, apoio emocional ou financeiro, uma canja de galinha ou ajuda em suas tarefas — provavelmente você também precisa de tudo isso.

Para começar a sanar esse problema, 1) Faça uma lista dos favores que presta aos outros; 2) Em seguida, para cada uma das áreas identificadas, faça uma outra lista de suas próprias necessidades em cada área; 3) Ao identificar cada uma dessas áreas, diga a você mesmo que vai aprender a receber em cada uma delas.

Por exemplo: você sempre ouve os problemas de todo mundo; você sempre pergunta aos outros, até mesmo a pessoas relativamente estranhas, como elas estão; você empresta dinheiro a amigos necessitados. Isso significa que você também tem muita necessidade de ser ouvido; que também precisa que lhe perguntem como está; e precisa de um pouco de ajuda para resolver seus próprios problemas financeiros. Lembre-se de que ajudar os outros é *sua* forma de pedir socorro.

Depois, para aprender a receber nessas áreas, comece a perguntar-se quais são suas verdadeiras necessidades em cada uma delas. Se é ser ouvido, comece dizendo: "Estou precisando conversar com você. Quando pode ser?" "Você pode me ouvir enquanto conto meus problemas?" Se o problema é dinheiro, peça, "Você pode me emprestar algum?" "Estou me sentindo mal, você pode ir buscar um suco de laranja para mim?" "Estou sobrecarregado de trabalho e meu computador pifou, você pode consertá-lo ou me dar uma mãozinha?"

Pedir vai lhe parecer estranho no início, uma vez que por toda a sua vida você sempre viveu como se não tivesse o direito de pedir nada. Comece pedindo pequenos favores, como: "Já que você está de pé, poderia me trazer uma xícara de café?" ou "Você pode me fazer o favor de fechar a tela da porta? Os mosquitos estão entrando". E vá passando para os maiores, como: "Sei que marcamos um encontro para sexta-feira, mas minha prima preferida vai chegar de Boston e eu gostaria muito de passar algumas horas na companhia dela. Podemos transferir nosso encontro para sábado à noite?"

7. Tomar conta de si mesmo.

Como já dissemos, o Abnegado costuma esfalfar-se até desmoronar. Se é com essa negligência e crueldade que você cuida (ou não cuida) de si mesmo, comece estabelecendo um horário razoável para dormir, alimentar-se, fazer exercícios e, acima de tudo, tentar lembrar-se de suas próprias necessidades.

Em segundo lugar, quais são os três cuidados pessoais que você pode acrescentar imediatamente ao seu repertório? Receber uma massagem por mês? Dar uma caminhada todas as manhãs? Desligar o telefone às oito horas da noite para poder ler um pouco? Comprar para si mesmo algumas flores uma vez por semana? Quando se paparica, você está reconhecendo seu próprio valor e isso abre caminho para as outras pessoas fazerem o mesmo.

Meditação para o Abnegado

Estou pronto para começar a me sentir bem comigo mesmo, para parar de me recriminar por pequenas coisas, para conhecer meu valor e apropriar-me dele, para valorizar minha generosidade e abrir-me para o amor. Estou disposto a acreditar que mereço ser amado pelo que sou.

Afirmações para ter equilíbrio

Posso ser tão bom para mim mesmo como sou para os outros.
Mereço ser amado.
Já sou suficientemente bom como sou.

A ATRAÇÃO ENTRE OS DIFERENTES TIPOS

Quem atrai quem

Agora que você já conhece os 9 tipos de personalidade no amor, há só mais uma coisinha que é importante saber, ou seja: quem tende a se apaixonar por quem e por quê. Embora teoricamente qualquer tipo de personalidade possa se apaixonar por qualquer outro, alguns tipos em particular tendem a se sentir atraídos, ou por se sentirem mais à vontade juntos ou pela possibilidade de mudança.

Em cada uma de nossas relações, procuramos aprender algo. Por isso, consciente ou inconscientemente escolhemos pessoas que tenham as qualidades que precisamos desenvolver para alcançar um equilíbrio maior. Ou escolhemos para parceiro alguém que tenha a possibilidade de nos ensinar algo sobre as dificuldades de nosso tipo de personalidade e, com isso, proporcionar-nos uma oportunidade de mudança. Se aprendemos ou não a lição é o que vai fazer toda a diferença entre o desenvolvimento e crescimento de nossa capacidade de amar e o fortalecimento cada vez maior de nossos velhos padrões.

O propósito de se conhecer os tipos de personalidade é ter uma consciência maior do que realmente acontece nas relações. Podemos passar a vida inteira nos relacionando sem evoluir absolutamente nada ou, se escolhemos ser conscientes, perceber como cada uma dessas relações contribuiu para a nossa mudança. Não só isso, mas também podemos ter a certeza de nos beneficiarmos com o que cada tipo de personalidade tem a oferecer e, nesse ínterim, nos aperfeiçoar cada vez mais.

Como é muito difícil mudar, muitas pessoas acabam repetindo seus velhos padrões muitas e muitas vezes, embora cada relação seja uma oportunidade para alcançarmos um equilíbrio maior. Assim, o mais equilibrado de todos os tipos de personalidade seria o da pessoa que representasse uma combinação de todos os tipos, uma soma de tudo o que cada um tem de melhor. É esse maior equilíbrio, ou essa totalidade, que todos nós estamos buscando consciente ou inconscientemente no plano espiritual.

É por isso que, mesmo reconhecendo o quanto pode ser cômodo viver com um parceiro de determinado tipo, na história de suas relações, você pode ter escolhido também pessoas de todos os outros tipos. Se esse for seu caso, parabéns! Provavelmente você aprendeu muito e sua personalidade alcançou um equilíbrio muito maior.

Assim como o amarelo e o azul são duas cores diferentes, mas misturadas formam uma cor totalmente diferente — o verde —, os tipos de personalidade, quando fundidos em idênticas proporções, podem ser transformados pela influência um do outro. Assim, o seu tipo — digamos que amarelo — pode ser transformado de maneira diferente pela interação com outro tipo e tornar-se, por exemplo, amarelo-esverdeado, amarelo-alaranjado ou amarelo-claro. Em maior ou menor grau, quando um tipo interage com outro, ambos mudam. Um adquire algumas das características e qualidades do outro.

A verdade é que escolhemos um determinado tipo, em algum momento da vida, porque ele tem algo para nos ensinar e, pela interação com ele, podemos alcançar um equilíbrio maior. Por estarmos sempre buscando inconscientemente esse equilíbrio, e pelo fato de cada tipo de personalidade representar certas características psicológicas, alguns tipos costumam ser atraídos para outros, formando uma série de pares típicos.

O Narcisista

O Narcisista é atraído para todos os tipos que lhe dão atenção, o que não é de surpreender, e particularmente para os Abnegados, que são gentis com todo mundo. O Perfeccionista, percebendo os verdadeiros talentos do Narcisista, sente-se inspirado a ajudá-lo a levar seus talentos à perfeição. E, às vezes, se a noite é de lua cheia ou a química é perfeita, ele é atraído pelo Sonhador, que o encanta com suas fantasias e o faz sentir-se bem. Ele pode também, embora mais raramente, ser atraído pelo Cético, a quem consegue, às vezes, conquistar com seu magnetismo pessoal, mas essa costuma ser uma união passageira.

Ocorre também de um Narcisista ser atraído por outro Narcisista, relação que costuma dar certo, pelo menos por um tempo. Como o Narcisista está totalmente voltado para a sua necessidade de atenção, enquanto ambos estiverem recebendo atenção suficiente do mundo exterior, eles podem ser felizes um ao lado do outro, cada um sendo nutrido por fontes externas. Entre as estrelas do cinema, por exemplo, muitos casamentos são formados por dois Narcisistas.

Num nível mais profundo, embora comumente inconsciente, o Narcisista está procurando alcançar o auto-equilíbrio, aprendendo a ter pelo outro a mesma consideração que tem por si mesmo. Ninguém é melhor mestre nessa habilidade do que o Abnegado, que faz isso o tempo todo, tornando-se provavelmente o tipo mais atraente para o Narcisista.

O Narcisista NÃO se sente atraído pelo Trabalhador Compulsivo, porque esse não lhe dá nenhuma atenção, nem para o Controlador, com quem teria demasiada disputa pelo poder para que a relação pudesse ter algum período de paz.

O Exaltado

Todos nós conhecemos casais em que um é "uma bola de fogo" e outro, um tipo de pessoa tão tranquila e estável que nos perguntamos como podem viver juntos. Este é um dos casamentos mais típicos entre todos os tipos de amante — o Exaltado e o Sangue de Barata. O Exaltado adora o tipo Sangue de Barata porque enquanto ele mesmo perde as estribeiras, o parceiro mantém-se impassível, tornando-se um ótimo exemplo de reação (não tendo nenhuma reação) menos explosiva. Apesar da aparente distância entre eles (que de fato existe) — o tipo Sangue de Barata mantém-se frio enquanto o Exaltado ferve — pela mistura de suas temperaturas, eles alcançam um estado intermediário de calor. Às vezes, o Exaltado frustra-se com a falta de emoção do Sangue de Barata, mas, embora em geral ele seja grato por ele ser assim, com o tempo, pode acabar com a calma do parceiro.

O Exaltado pode também, e pelas mesmas razões, formar par com o Controlador. Da mesma maneira que é atraído pelo Sangue de Barata, ele está sempre procurando o tipo de personalidade que pode ajudá-lo a controlar suas emoções e o Controlador é ótimo nisso — ele adora controlar tudo, até mesmo emoções violentas.

O Exaltado pode também ser atraído por outro Exaltado, chegando a ter uma relação emocional totalmente desregrada. É o tipo de casal descrito em *Quem tem medo de Virginia Woolf?*, que vive travando embates violentos. Por ser uma relação dramática (e exaustiva), normalmente ela não dura muito e ninguém muda muito. É apenas uma repetição daquilo em que cada um já é mestre.

O Exaltado não gosta do Trabalhador Compulsivo porque ele nunca está presente para partilhar as emoções — além de reclamar por ele nunca estar em casa. Essa é temporariamente uma boa relação para o Exaltado, uma vez que ele pode ter muitas explosões. Mas como o Exaltado está à procura de um modo mais calmo e razoável de expressar as emoções, que estão sempre transbordando, ele se dá melhor com o Sangue de Barata, por este lhe proporcionar mais equilíbrio, embora sua preferência seja pelo Abnegado, por este permitir (para prejuízo de ambos) que ele se entregue a suas emoções. Esse tipo de par não favorece o crescimento, porque em vez de criar o conflito que gera mudança, cada um só fortalece seus próprios padrões.

O Sangue de Barata

O Sangue de Barata prefere estar com outro Sangue de Barata numa relação calma e tranqüila na qual nenhum deles precisa se preocupar com nada. Para o Sangue de Barata com uma profunda ferida emocional, esse tipo de relação é um verdadeiro bálsamo. Essa é, em geral, uma relação estável, duradoura e bastante satisfatória para ambos, mas não estimula muito o crescimento de nenhum deles.

O Sangue de Barata, com sua aversão pelas emoções, pode também ser atraído pelo Trabalhador Compulsivo ou até mesmo pelo Cético, por ambos esses tipos lhe proporcionarem a semelhança de uma relação sem obrigá-lo a entrar em qualquer nível de envolvimento emocional.

Mas pode ocorrer de algum Sangue de Barata, inconscientemente disposto a trazer suas emoções à tona, optar por se relacionar com um Exaltado. Isso porque, apesar de não se dar bem com os sentimentos — nem com os dele nem com os de mais ninguém — no fundo, ele sabe que sua vida seria muito mais rica se expressasse suas emoções. Essa relação é freqüentemente marcada pela frustração, porque o Sangue de Barata, que quer arrastar-se lentamente para dentro das águas emocionais, é muitas vezes empurrado para dentro delas. Mesmo assim, ela é ótima para o crescimento dele, que com o tempo passa a ser menos medroso. Além de melhorar o seu desempenho, o Sangue de Barata, reconhecendo ou não, gosta das explosões exóticas provocadas pelo parceiro. Sem que faça absolutamente nenhum esforço, o Sangue de Barata é exposto às energias em estado bruto do mundo das emoções.

O Sangue de Barata não é muito propenso a se relacionar com o Sonhador, porque este está sempre fantasiando os fatos reais nos quais o Sangue de Barata se baseia. O Sonhador vive nas nuvens, fazendo planos e acreditando em sonhos e, quando ele tenta aprisionar o Sangue de Barata em seu mundo de possibilidades românticas, este simplesmente perde o interesse pelo relacionamento. O Sangue de Barata também não gosta do Controlador, nem do Perfeccionista, pois ambos acham, cada um a seu modo, que têm todas as respostas e não querem que ninguém lhes diga o que devem fazer, nem como.

O Cético

Como não acredita mesmo no amor, o Cético pode ser atraído por quase todos os tipos, por razões que não têm nada a ver com eles, propriamente. As qualidades que mais o impressionam numa pessoa são comumente um lindo rosto, um corpo escultural, uma inteligência excepcional, uma polpuda conta bancária, uma vida social deslumbrante — qualquer coisa que seja capaz de tirá-lo por um momento de seu ceticismo e que não tenha, é claro, bases suficientemente sólidas para mantê-lo numa relação a longo prazo. Então, o Cético pode usar o problema emocional da pessoa como motivo para achá-la inaceitável: é demasiadamente centrada em si mesma, é histérica, é fria demais para conseguir excitá-lo, vive num mundo de fantasias, é exigente demais, controladora demais ou dependente demais.

Para que a relação com um Cético funcione, a pessoa interessada terá de esforçar-se arduamente. É por isso que, em geral, ele não sente atração por outro Cético (nenhum deles tem combustível suficiente para acender o fogo que os mantenha interessados um no outro) e é muito comum que ele acabe com um Perfeccionista (que acredita que qualquer coisa ou pessoa é passível de aperfeiçoamento) ou com um Abnegado (que por ser intrinsicamente tão otimista, compassivo e generoso desperdiça seus melhores dons em qualquer um). São esses dois tipos os que têm mais chance de ajudar o Cético a entrar em contato com a sua ferida, mas só se ele estiver disposto a regar um pouco a sementinha de esperança que jaz em suas profundezas.

O Trabalhador Compulsivo

O Trabalhador Compulsivo se dá bem com qualquer pessoa que o deixe sozinho e, ao mesmo tempo, cumpra os requisitos básicos para o bom andamento da relação: sexo com uma certa regularidade, disponibilidade, divisão de tarefas e companhia, para comparecer com ele aos eventos sociais promovidos pela empresa em que trabalha. O Trabalhador Compulsivo se dá especialmente bem com outras pessoas do mesmo tipo, porque nessa relação um não amola o outro com cobranças. O que ele mais gosta de fazer é...trabalhar! Como acontece com o casal do tipo Sangue de Barata, nada muda muito emocionalmente para nenhuma das partes dessa relação, mas muita coisa é feita, como por exemplo: construção de casas, criação de impérios, administração de empresas, abertura de firmas de advocacia, etc.

Esse tipo de casal é particularmente comum neste final de século, quando todos trabalham excessivamente e o trabalho é um dos principais valores de nossa cultura. Esses grandes empreendedores estão tão empenhados em não se relacionar que podem até mesmo delegar suas obrigações secundárias, como a educação dos filhos, os cuidados da casa, dos animais domésticos e até mesmo das próprias refeições para outros. Babás, governantas, empregadas, jardineiros e outros prestadores de serviços tomam conta dessas obrigações, o que para o Trabalhador Compulsivo é ótimo, porque ele prefere trabalhar a cuidar de suas relações pessoais.

O Trabalhador Compulsivo gosta também do Perfeccionista, porque o que ele mesmo não faz pela casa ou pelos filhos, provavelmente o Perfeccionista providenciará para que seja feito. O exemplo clássico de par formado por esses dois tipos é o do jurista das altas esferas do poder e sua esposa e dona de casa Perfeccionista, ou do empresário de sucesso e sua esposa, que é uma mãe Perfeccionista.

É claro que o Trabalhador Compulsivo também gosta do Abnegado, uma vez que, com suas flexibilidade e adaptabilidade costumeiras, ele se ajusta à vida ocupada do parceiro sem reclamar. Pode ocorrer também de ele se envolver com um Narcisista, se o talento desse coincidir com sua área de interesse — a cantora de *rock* cujo marido é também seu empresário, ou o ator cuja esposa é também sua diretora.

No entanto, o Trabalhador Compulsivo tende a fugir do Exaltado pelo mesmo motivo do Sangue de Barata, ou seja, por não querer entrar em contato com seus sentimentos. Por outro lado, um Trabalhador Compulsivo que seja menos empedernido, e que tenha uma vaga idéia de que sua compulsão pelo trabalho é uma forma de encobrir algo que deveria ser encarado, pode dispor-se a correr o risco de ter uma relação com um Exaltado e, assim, com o tempo, passar a trabalhar menos e sentir mais. Para o Trabalhador Compulsivo, essa relação pode ser uma oportunidade de crescimento verdadeiro.

O Perfeccionista

O Perfeccionista se dá melhor com outro Perfeccionista — especialmente se as áreas de interesse de ambos forem semelhantes ou complementares. A mulher Perfeccionista gosta de ter um marido com a mesma mania de manter tudo em perfeita ordem: carro, garagem e ferramentas. Um estilista de moda Perfeccionista pode se encantar por outro ou pelo contador, pelo decorador de interiores ou por alguém que busca a perfeição na área da saúde. Como o perfeccionismo é uma qualidade que o Perfeccionista admira por si mesma, ele costuma valorizá-la, independentemente da forma em que é manifestada. Mas se sua área de interesse for muito diferente da do parceiro — ela é muito rigorosa com os horários e ele não, ou ele é Perfeccionista com a ordem e ela nem tanto — pode haver problemas, especialmente se um tende a se meter nos assuntos do outro. É provável que um deles, à sua própria maneira perfeccionista, tente aperfeiçoar o outro, criando com isso constantes conflitos no relacionamento.

O Perfeccionista também se dá bem com o Abnegado, a quem sente-se grato por ser indeciso e, com isso, favorecer sua propensão a conduzir os fatos. Isso pode dar ao Perfeccionista um outro tipo de satisfação. Esse arranjo pode ser duradouro, já que ambos ganham algo a maior parte do tempo. Também serve de aprendizado, porque o Perfeccionista precisa aprender a soltar as rédeas, coisa que o Abnegado está sempre disposto a fazer para satisfazer as necessidades dos outros, enquanto ele mesmo precisa aprender a perseguir uma meta, a manter a linha e o foco, coisas que o Perfeccionista sabe fazer muito bem.

Na realidade, o Perfeccionista cuja especialidade é aperfeiçoar as pessoas — esse subtipo acredita que pode aperfeiçoar qualquer pessoa, transformar qualquer orelha de porco em bolsa de seda — pode ser feliz com praticamente qualquer um dos outros tipos, pelo menos por um tempo. Isso porque ele consegue ver cada um deles como um projeto de aperfeiçoamento — fazer com que o Narcisista se torne mais compreensivo, o Exaltado mais calmo, o Trabalhador Compulsivo menos ocupado, etc. Por motivos contrários aos do Cético, que pode arriscar-se a ter uma relação com qualquer um dos outros tipos apenas para provar a si mesmo que não vai dar certo, o Perfeccionista, com seu otimismo perfeccionista, está disposto a se relacionar com quase todos os tipos de personalidade.

Uma vez numa relação do tipo "projeto de aperfeiçoamento", o Perfeccionista fica frustrado com a falta de vontade ou incapacidade do parceiro para mudar e tem a oportunidade de descobrir que, por melhor que seja a sua intenção, as mudanças que gostaria de realizar na outra pessoa só podem ser efetuadas por ela mesma. Se conseguir aceitar isso, o Perfeccionista poderá ser um ótimo parceiro. Do contrário, ficará eternamente insatisfeito e acabará afastando a pessoa com suas cobranças e reclamações.

O Sonhador

Em suas fantasias, o Sonhador pode se relacionar com qualquer pessoa, mas quando se trata de encarar uma relação real, a coisa não é tão fácil. Se seu desejo inconsciente de sintonizar-se com a realidade for suficientemente forte, ele se dará bem com o subtipo do Perfeccionista que é especialista em aperfeiçoar pessoas, e que poderá lhe ensinar algo sobre a verdadeira natureza das relações; com o Exaltado, por conseguir arrancá-lo de seu mundo de fantasias; com o Sangue de Barata por manter-se agarrado à realidade; e até mesmo com o Narcisista, que não se cansará de afirmar que seus sonhos não se realizarão — porque o Narcisista tomará o tempo todo para si e não deixará tempo de sobra para ele sonhar.

O Sonhador com menos disposição para mudar pode ser atraído pelo Narcisista consumado, por ficar deslumbrado pela fantasia de como seria levar uma vida diante de tantas luzes e refletores. Ele é também atraído para o Abnegado, por esse alimentar suas fantasias. Pode também acabar com um Controlador, o seu extremo oposto, porque em sua vida de fantasia ele não consegue acreditar que pode ser tão controlado quanto está sendo e, também, porque na vida real, ele chega muitas vezes a entender, pelo menos inconscientemente, que precisa ser controlado. É muito raro o Sonhador ter uma relação real com um Cético, uma vez que pode fantasiar uma relação maravilhosa, baseada em algum dos atrativos que este possa ter além de seu ceticismo.

Mas a maioria dos Sonhadores leva uma vida solitária, por ser incapaz de conciliar a fantasia com uma relação com uma pessoa de carne e osso. Ele se relaciona com todo o mundo em suas fantasias e com ninguém na realidade.

O Controlador

O Controlador gosta de qualquer pessoa que esteja disposta a se deixar manipular e, especialmente, do Abnegado. Mais comumente é o Exaltado, por parecer querer ser controlado, que representa para o Controlado o maior desafio. Numa relação com qualquer um desses tipos, o Controlador tem a chance de descobrir que existem outros meios para ele alcançar seus objetivos que não seja pelo controle: negociação, consideração, compromisso e expressão de suas emoções mais profundas, por exemplo. Essas lições são difíceis e podem mesmo ser impossíveis para o Controlador, uma vez que para aprendê-las, ele teria de abandonar o controle. Mas esses dois tipos altamente emocionais têm muito para lhe ensinar.

O tipo mais extremado de Controlador — o violento — costuma se unir com a versão mais extremada do Abnegado e essa relação costuma ser marcada pela destrutividade, com cada uma das partes reforçando as características de seu tipo e ninguém aprendendo nada. Essa é a união típica de um marido que bate na mulher que, por ter pouca ou nenhuma auto-estima, não consegue abandoná-lo.

Do lado positivo, é comum o Controlador escolher outro Controlador para viver em eterno conflito pelo poder, sem nunca resolvê-lo. É interessante notar que esse tipo de relação costuma ser duradoura, especialmente quando os parceiros são páreos perfeitos. Como nenhum deles se rende (o que acabaria com toda a graça da relação), eles mantêm inconscientemente um respeito saudável um pelo outro, reconhecendo que assim como não consegue levar a melhor sobre sua cara-metade, o outro tampouco consegue levá-la sobre ele. Embora esse casal de Controladores possa não expandir seu repertório emocional e tornar-se mais vulnerável, eles também se protegem um do outro pela perda do controle — acredite se quiser.

O Narcisista pode também ser uma escolha ocasional, mas só se o Controlador puder exercer alguma forma específica de controle sobre a vida comum de ambos, como dirigir a casa, estabelecer os horários ou fazer o papel de relações públicas.

Não é comum o Controlador ter relação com um Cético, porque não tem graça controlá-lo. Ele pode perceber à primeira vista que o Cético não se deixa controlar. Basicamente, o Controlador gosta de se relacionar com alguém que se deixa intimidar — qualquer que seja o tipo — e ignora as pessoas fortes e independentes de qualquer tipo.

O Abnegado

As pessoas do tipo Abnegado sentem forte atração pelos tipos Controlador e Perfeccionista porque, sendo seus melhores exemplares de grande força de vontade, representam um contraponto saudável para a sua indecisão. Como muitos Abnegados são pessoas desorientadas e voltadas para fora, os Controladores e os Perfeccionistas exercem sobre eles a influência positiva de direcioná-los.

Numa relação com um desses tipos, o Abnegado tem a possibilidade de aprender a desenvolver sua própria capacidade de tomar decisões. Se, no entanto, ele for preguiçoso, não se desenvolverá, mas será simplesmente dominado e manipulado.

Como o Abnegado é muito sensível, adaptável e afável, ele é também receptivo a todos os outros tipos por uma série de razões que não têm nada a ver com seu próprio tipo. A verdade é que tudo o que ele tem de fazer é ficar ali quieto, ser agradável e receptivo para que todos os outros tipos se aproximem dele. Em conseqüência disso, muitas vezes ele só está numa relação porque a outra pessoa o escolheu. Fazer ele mesmo uma escolha consciente, bem como continuar descobrindo e expressando suas próprias necessidades, é um eterno desafio para o Abnegado, independentemente do tipo de seu parceiro.

Conclusão

Como vimos, cada tipo de personalidade representa algum tipo de limitação nas relações amorosas, mas ao mesmo tempo oferece uma oportunidade para o parceiro se desenvolver. Na verdade, as mesmas características de uma pessoa que incomodam o parceiro são também as sementes de suas maiores oportunidades de mudança.

Mudar, transformar-se, alcançar o equilíbrio, lidar com os próprios conflitos emocionais e resolvê-los são as grandes oportunidades oferecidas por todas as relações. De fato, num nível mais elevado, é para isso que estabelecemos relações. Cada relação que estabelecemos e cada pessoa com quem nos envolvemos têm algo para nos ensinar. Os aspectos mais atraentes de cada tipo de personalidade são os motivos pelos quais nos apaixonamos pelas pessoas. Seus atributos mais fascinantes nos atraem para uma relação, na qual aquilo que nos incomoda pode nos desafiar em direção ao crescimento.

Por isso, nenhum tipo é melhor do que outro. E nenhum deles é, em si mesmo, tampouco totalmente equilibrado. É nisso que reside não apenas a necessidade de nos relacionar, mas também o que as relações têm de melhor para nos oferecer. Pois é por meio delas que podemos alcançar a totalidade e desenvolver ainda mais a nossa capacidade de amar.

As pessoas de todos os tipos, incluindo o seu, sofreram. Cada um de nós traz dentro de si uma ferida emocional e espiritual que está tentando curar. Espero que esse conhecimento ajude você a sentir mais compaixão. Entendendo que todos nós temos nossas limitações e que cada um tem algo de único e necessário para contribuir ao círculo das relações, você poderá perceber como todos os tipos, e cada um de nós, são necessários.

É por isso que, qualquer que seja o seu tipo, o tipo que o atrai ou o de seu parceiro atual, você pode esperar alcançar o amor.

Finalmente, como tornar-se humano é acima de tudo uma jornada de desenvolvimento pessoal e de evolução espiritual, estamos sempre aprendendo a nos tornar melhores amantes e melhores seres humanos. Que esse novo conhecimento de si mesmo e dos outros aumente a sua capacidade, não apenas de ser amado, mas também de amar. Pois mais amor, em todos os níveis e para todos nós, é a única coisa pela qual vale a pena lutar.

QUADRO ESQUEMÁTICO DOS TIPOS DE PERSONALIDADE

Tipo	*Ferida emocional*	*Mecanismo de proteção*	*Emoção reprimida*
1. O Narcisista	Falta de amor	Chamar a atenção	Insegurança
2. O Exaltado	Caos emocional	Histeria	Medo
3. O Sangue de Barata	Mágoa profunda	Negação/ repressão	Tristeza
4. O Cético	Traição	Dúvida/ cinismo	Falta de confiança
5. O Trabalhador Compulsivo	Abandono	Distração/ evitação	Sentimento de perda
6. O Perfeccionista	Insegurança	Controle	Responsabilidade excessiva
7. O Sonhador	Decepção	Fantasia	Raiva
8. O Controlador	Perda de poder	Agressão aberta ou velada	Poder/ talento pessoal
9. O Abnegado	Não-merecimento	Adaptação	Vergonha